我本无名

《圣经》草根英雄启示录

安平 著

海南出版社

图书在版编目（CIP）数据

我本无名 / 安平著 . — 海口：海南出版社，2010.4
ISBN 978-7-5443-3233-0

Ⅰ．①我… Ⅱ．①安… Ⅲ．①犹太教—名人—人物研究　Ⅳ．① B985

中国版本图书馆 CIP 数据核字（2010）第 053619 号

我 本 无 名
安 平 著

责任编辑：	古　华
策　　划：	黄　艳
出版发行：	海南出版社
地　　址：	海口市金盘开发区建设三横路 2 号
邮　　编：	570216
电　　话：	0898-66830929（海口）
	0731-84863905（长沙）
网　　址：	http://www.hncbs.cn
印刷装订：	环球印刷（北京）有限公司
开　　本：	889×1194（毫米）　1/32
印　　张：	6.75
字　　数：	140 千字
版　　次：	2010 年 7 月第 1 版　2010 年 7 月第 1 次印刷
书　　号：	ISBN 978-7-5443-3233-0
定　　价：	24.00 元

序

"天将降大任于斯人也,必先苦其心志,劳其筋骨,饿其体肤,空乏其身,行拂乱其所为,所以动心忍性,增益其所不能。"孟子的这段话,大家都很熟悉,经常用来激励自己或别人,以期在困境中不失志。但可能是太熟悉的缘故,我们便并不仔细思考其中的含义。苦心志,劳筋骨,饿体肤都比较容易理解。天既降大任,锻炼锻炼总是应该的。但什么是"空乏其身",又为什么"行拂乱其所为"呢?

我不知道孟子是如何想的,但当我有机会读到《圣经》中几个古代以色列英雄的传记时,倒是对他的这段名言有了更深的了解。无论是从奴隶到宰相,身世坎坷的约瑟;或是带领以色列人出埃及过红海,却在旷野蹉跎四十载的摩西;或是从牧童到君王,颠沛流离十四年的大卫,都算得上是"苦其心志,劳其筋骨,饿其体肤"了。而更重要的是,从他们的境遇上,我们可以看到"空乏其身,行拂乱其所为"的真正意义所在。

空乏其身,就是要倒空自己,是要人认识到人的有限,懂得行事为人不能只靠自己固有的知识和经验,要保持谦卑开放的心态,不断地学习成长;行拂乱其所为,做啥啥不顺,是要让人明白个人的努力并非成功的保障。如此,增益其所不能的,便可以站在超越人通常的高度来思考问题,了解高于一般规律的大道,知天命,顺天理,行天道。从而渐渐养成敏锐的心思和坚忍的性格,才可以承受得住天降的大任。

《圣经》有"书中之书"的美称,是世人所公认的可以丰富人类生命与智慧的一本千古畅销书。但因其年代的久远、文化背景的差异,对于中国当代的青年人来说,便显得有些距离;再加上目前通用的中文译本"和合本",是 1890 年开始翻译,1919 年正式出版的译作,虽然信达雅兼具,但总归是最早期的白话文,今天的读者看起来仍免不了有些障碍,从而使很多人失去了兴趣,也就失去了从中学习的机会。于是,斗胆创作这本小书,试图用当代语境来呈现《圣经》中三位英雄的成长经历。其中"约瑟传奇"较多涉及情绪管理,"摩西故事"多些领导艺术的探讨,"戏说大卫"比较侧重个人成长。个人所见浅薄幼稚之处,还请熟悉《圣经》的人士谅解。

真诚希望能够借着这本小书,为不曾有机会近距离接触《圣经》的人,打开一扇小小的窗户,得以一窥其中丰富宝藏的一角,哪怕只是其珍宝所发出的一丝光辉,就足以使我满足快乐了。

安平
2008 年 4 月
美国洛杉矶

目录

约瑟传奇

- 一 木秀于林 3
- 二 近亦有距 7
- 三 努力面前 9
- 四 亲人也是人 11
- 五 有理莫轻让 15
- 六 凡事盼望 17
- 七 良禽择木 19
- 八 勇于尝试 21
- 九 注重形象 23
- 十 多走一里路 25
- 十一 保守内心 29
- 十二 等候即盼望 31
- 十三 含怒不到日落 35
- 十四 有泪也要去弹 37
- 十五 下坡容易上坡难 41
- 十六 有话好好说 45
- 十七 装酷挺累的 49
- 十八 施比受有福 51
- 十九 顺水推舟 55
- 二十 无恨一身轻 57
- 二十一 上帝与你同在 61

摩西故事

一 捷径并不好走 67

二 进一步海阔天空 71

三 屡败屡战 73

四 从成就到意义 77

五 信心与眼见 79

六 用武之地无英雄 83

七 使命的传递 85

八 激情与恒心 89

九 必需的功课 91

十 信,需要建立 97

十一 学,需要致用 99

十二 忘记背后 101

十三 沟通=倾听+分享 105

十四 优点→盲点→弱点 111

十五 爱是舍己 113

十六 说在纸上 117

十七 坚持与妥协 119

十八 适可而止 123

十九 关系是把双刃剑 127

二十 机遇 131

二十一 上帝的朋友 135

戏说大卫

一 潜质与天分 143

二 在小事上忠心 147

三 能干也要会吆喝 149

四 可以说 No！ 151

五 困难都是纸老虎？ 155

六 百密一疏 159

七 成名的烦恼 161

八 能屈能伸 163

九 门当户对 167

十 知己莫红颜 171

十一 不破不立 175

十二 对自己负责 177

十三 心胸决定成就 181

十四 更高的境界 183

十五 取之有道 187

十六 无心插柳 189

十七 自知之明 193

十八 孰能无过 197

十九 挨骂不怕 199

二十 有泪尽情流 201

二十一 合上帝心意的人 205

天将降大任于斯人也，必先苦其心志，劳其筋骨，饿其体肤，空乏其身，行拂乱其所为，所以动心忍性，增益其所不能。

——《孟子·告子下》

One
The Story of Joseph
约瑟传奇

木秀于林 近亦有距 努力面前 亲人也是人 有理莫轻让
凡事盼望 良禽择木 勇于尝试 注重形象 多走一里路 保
守内心 等候即盼望 含怒不到日落 有泪也要去弹 施比受有福 顺水推舟
易上坡难 有话好好说 装酷挺累的
无恨一身轻 上帝与你同在

约瑟传奇　参考阅读

《创世记》第37、39-47、50章

第37章

1雅各住在迦南地，就是他父亲寄居的地。2雅各的记略如下：约瑟十七岁与他哥哥们一同牧羊。他是个童子，与他父亲的妾辟拉、悉帕的儿子们常在一处。约瑟将他哥哥们的恶行报给他们的父亲。3以色列原来爱约瑟过于爱他的众子，因为约瑟是他年老生的，他给约瑟作了一件彩衣。4约瑟的哥哥们见父亲爱约瑟过于爱他们，就恨约瑟，不与他说和睦的话。

5约瑟作了一梦，告诉他哥哥们，他们就越发恨他。6约瑟对他们说："请听我所作的梦：7我们在田里捆禾稼，我的捆起来站着，你们的捆来围着我的捆下拜。"

约瑟："你们听不清吗？我是说——你们都得向我下拜！"

一、木秀于林

大约公元前18世纪，在迦南，也就是今天被称为巴勒斯坦的肥沃土地上，住着一个大户人家。聪明得甚至有些狡诈的家主雅各，娶有两房太太，育有十二个儿子。雅各也被称为以色列，他的家族也就衍生成以后以色列民族的十二个支派。

约瑟为雅各最爱的二太太所生。母亲在生了小弟便雅悯之后不幸难产而死，雅各对他哥俩自然是倍加疼爱。约瑟长得秀雅俊美，又相当聪明贴心，父亲更是毫不掩饰对约瑟的偏爱，好吃好穿都先让着约瑟。兄弟们不敢跟父亲抱怨，但对约瑟就不太客气了，平时冷言冷语，还孤立他。不过约瑟是在爱中长大，心态比较积极，也不以为意。而且仗着父亲的宠爱，多少有点嚣张。

十七岁的时候，父亲送给他一件极为昂贵的名牌外套。不知是天真无邪，还是有意炫耀，反正约瑟很是招摇了一阵，惹得哥哥们无比嫉妒。有一天约瑟做了一个梦。这个梦让谁听了都像是表明自己高哥哥们一等，他还偏偏跑去告诉原本就讨厌他的哥哥们，让人家听了不但不爽，而且心生忌恨。没多久约瑟又做了一个梦，这次让人听上去更是雷人，梦中不光是哥哥们向他下拜，连他父母也得向他俯首！

这个约瑟还真有意思，也不知是缺心眼儿，还是成心斗气，不但把梦说给哥哥们听，还说给老爸听，惹得大家都不开心，实在是太过分了。别人不开心也就罢了，但带给约瑟自己的却

8 他的哥哥们回答说:"难道你真要作我们的王吗?难道你真要管辖我们吗?"他们就因为他的梦和他的话,越发恨他。9 后来他又作了一梦,也告诉他的哥哥们说:"看哪,我又作了一梦,梦见太阳、月亮与十一个星向我下拜。"10 约瑟将这梦告诉他父亲和他哥哥们,他父亲就责备他说:"你作的这是什么梦!难道我和你母亲、你弟兄果然要来俯伏在地,向你下拜吗?"11 他哥哥们都嫉妒他,他父亲却把这话存在心里。

"约瑟这小子太张狂了!下次我们非把他扔到深坑里不可!"

12 约瑟的哥哥们往示剑去,放他们父亲的羊。13 以色列对约瑟说:"你哥哥们不是在示剑放羊吗?你来,我要打发你往他们那里去。"约瑟说:"我在这里。"14 以色列说:"你去看看你哥哥们平安不平安,群羊平安不平安,就回来报信给我。"于是打发他出希伯仑谷,

将是一场杀身之祸。

　　由此可见之一：穿得起名牌不是你的错，穿名牌招摇就是你不对了；优秀不是你的错，老想特意秀你的优秀就不合适了。为人处世总要照顾些别人的感受，否则会引发一些不必要的阻力、障碍、甚至敌对，就不值得了。韬晦不一定虚伪，真诚也需要智慧。

韬晦不一定虚伪　真诚也需要智慧

他就往示剑去了。15 有人遇见他在田野走迷了路，就问他说："你找什么？" 16 他说："我找我的哥哥们，求你告诉我，他们在何处放羊。" 17 那人说："他们已经走了，我听见他们说要往多坍去。" 约瑟就去追赶他哥哥们，遇见他们在多坍。18 他们远远地看见他，趁他还没有走到跟前，大家就同谋要害死他，19 彼此说："你看！那作梦的来了。20 来吧！我们将他杀了，丢在一个坑里，就说有恶兽把他吃了，我们且看他的梦将来怎么样。" 21 流便听见了，要救他脱离他们的手，说："我们不可害他的性命。" 22 又说："不可流他的血，可以把他丢在这野地的坑里，不可下手害他。" 流便的意思是要救他脱离他们的手，把他归还他的父亲。23 约瑟到了他哥哥们那里，他们就剥了他的外衣，就是他穿的那件彩衣，24 把他丢在坑里，那坑是空的，里头没有水。

25 他们坐下吃饭，举目观看，见有一伙米甸的以实玛利人从基列来，用骆驼驮着香料、乳香、没药，要带下埃及去。26 犹大对众弟兄说："我们杀我们的兄弟，藏了他的血，有什么益处呢？27 我们不如将他卖给以实玛利人，不可下手害他，因为他是我们的兄弟，我们的骨肉。" 众弟兄就听从了他。28 有些米甸的商人从那里经过，哥哥们就把约瑟从坑里拉上来，讲定二十舍客勒银子，把约瑟卖给以实玛利人。他们就把约瑟带到埃及去了。

29 流便回到坑边，见约瑟不在坑里，就撕裂衣服，30 回到兄弟们那里说："童子没有了！我往哪里去才好呢？" 31 他们宰了一只公山羊，把约瑟的那件彩衣染了血，32 打发人送到他们的父亲那里，说："我们捡了这个，请认一认，是你儿子的外衣不是？" 33 他认得，就说："这是我儿子的外衣，有恶兽把他吃了，约瑟被撕碎了！撕碎了！" 34 雅各便撕裂衣服，腰间围上麻布，为他儿子悲哀了多日。35 他的儿女都起来安慰他，他却不肯受安慰，说："我必悲哀着下阴间，到我儿子那里。" 约

二、近示有距

约瑟和哥哥们平时主要的工作是放羊。因为父亲对自己的信任,所以他还有个秘密工作,就是监视哥哥们的行为。对雅各来说,这其实也是迫不得已,因为那几个儿子背着他还真是坑蒙拐骗,无恶不作。

约瑟虽然做的是卧底工作,但太张扬,早早就暴露了,所以人家放羊也不叫上约瑟。约瑟也乐得轻闲。雅各看见了,不太满意。有一天就对约瑟说:"你哥哥们不是去远处草场放羊了吗?你也得去啊(总得干点儿活儿吧)!看看他们安全不安全(有没有在外面惹是生非)?看看咱家的群羊安不安全(别偷偷把我的羊给卖了)?就回来报信给我(别忘了爹给你的特别任务)。"

约瑟还真去了,因为平时不太用心,这回居然迷了路,当下四处打听。哥哥们远远看见他,便起意要害他,想要把他杀死埋了,回家就说有野兽把他吃了,看他还做什么美梦,看他的美梦还能不能成真。其中当大哥的,虽然也不是什么善类,但还没坏到残害手足的地步,就劝住众兄弟,只同意把约瑟扔到坑里,先给他点儿颜色看看再说。老大寻思着回头再伺机救他,于是先行离开。

等老大拿着绳子回来一看,约瑟没了!问那哥儿几个,都装无辜,一个说忙着做俯卧撑锻炼身体,没注意;一个说打酱油去了,不在现场。哪知竟是他们趁老大不在,把约瑟卖给了

瑟的父亲就为他哀哭。

36 米甸人带约瑟到埃及，把他卖给法老的内臣，护卫长波提乏。

第39章

1 约瑟被带下埃及去。有一个埃及人，是法老的内臣，护卫长波提乏，从那些带下他来的以实玛利人手下买了他去。2 约瑟住在他主人埃及人的家中，耶和华与他同在，他就百事顺利。

人口贩子，便再也找不见了！

　　由此可见之二：虽然我们常觉得陌生人危险，但实际上相当一部分的性侵害、绑架等案件都发生在熟人与亲人之间。无论与任何人相处，都要注意保持一定的界限。这是常识，与信任不信任无关。

三、努力面前

　　可怜的约瑟万万没有想到，自己居然被哥哥们卖了！心中无比悲愤，万分痛悔。想到前面即将为奴的苦境，便思念起家中的老爹小弟，更是不禁悲从心中来。

　　人生地不熟，没人能帮得上自己，只有心中不住地祷告，祈求那位过去只在父亲口中传说的上帝，能够施恩拯救。过去每当老父亲说起他自己祷告得到上帝垂听的故事，约瑟心里总觉得不过是碰巧罢了，但如今多么希望也能碰巧在自己身上；过去听讲先祖亚伯拉罕对上帝是如何大有信心时，总觉得有点荒唐，但此时他是多么盼望能有同样的信心和盼望帮助自己度过难关；过去一听到挪亚方舟的故事，就会觉得简直是天方夜谭，但如今却是多么企盼自己就在那方舟之上，处狂风暴雨而

不惊。于是祷告成了约瑟生活的主题。

说话间，约瑟到了埃及，被卖到了法老的内臣、护卫长家中。约瑟渐渐认识到与其天天生活在痛苦遭遇的阴影之下，倒不如忘记背后，努力面前。于是自己勤奋做工，不是多一事不如少一事，而是积极主动，善于从老板的位置上去思考，很快便深得信任。再加上他相信老天自有公道，便没了埋怨，多了感恩；心态健康，做事也格外的顺利。

由此可见之三：当外在大环境难以改变的时候，我们需要改变内在的小环境，用积极正面的态度去面对。积极正面的态度从何而来？这就是个信仰问题了。你信不信天道酬勤？信不信天理不容？信不信天网恢恢？信不信老天自有公道？信与不信，人生道路就不同，结局也不同。信不信由你。

四、亲人也是人

约瑟被卖到埃及法老护卫长波提乏家中。埃及法老的护卫长就是卫戍区司令，是个大官，家中仆役众多。但约瑟确实优秀，无论人品还是相貌，都是格外出众。特别希奇的是，约瑟仿佛天生福将，做啥啥顺。别人办不了的，也没见约瑟特别费什

3 他主人见耶和华与他同在，又见耶和华使他手里所办的尽都顺利，4 约瑟就在主人眼前蒙恩，伺候他主人，并且主人派他管理家务，把一切所有的都交在他手里。5 自从主人派约瑟管理家务和他一切所有的，耶和华就因约瑟的缘故赐福与那埃及人的家；凡家里和田间一切所有的都蒙耶和华赐福。6 波提乏将一切所有的都交在约瑟的手中，除了自己所吃的饭，别的事一概不知。

么力气心思，找什么靠山关系，总能顺利解决。主人看在眼里，慢慢地就开始重用约瑟，让他总管家务。

说来也怪，自打约瑟做了总管，护卫长家道日兴，连田地收成都格外地好。护卫长见约瑟人能干可靠，又好像是个给自己带来好运的人，索性就把家中的、田里的所有事务都统统交给他打理，自己就乐得做个甩手掌柜。除了自己所吃的饭，其他一概不知。而约瑟，则是更加地尽忠职守。

每当夜深人静之时，耳听尼罗河哗哗水声，仰望浩瀚星空，约瑟心中也常是一番感叹："唉，这人生际遇实在难料！想我当年，饱受父亲宠爱，何等幸福快乐！却也使得自己张狂任性，竟惹得同室操戈。现如今无依无靠，便不得不学习协调上上下下复杂的人际关系，倘若当初懂得这层道理，处理好和哥哥们的关系，何至于差点儿搭上性命？但经此祸患，学着功课，更得如此尊荣，实在是老天有眼啊！"

由此可见之四：很多时候我们以为只有和不太熟的人相处才需要有人际关系技巧，但实际上，就算是在亲人密友面前，也要有方法和技巧。通常造成人们情感上最大伤害的往往是亲人，原因也就在于此。

约瑟原来秀雅俊美。7 这事以后，约瑟主人的妻，以目送情给约瑟，说："你与我同寝吧！" 8 约瑟不从，对他主人的妻说："看哪，一切家务，我主人都不知道，他把所有的都交在我手里。9 在这家里没有比我大的，并且他没有留下一样不交给我，只留下了你，因为你是他的妻子。我怎能作这大恶，得罪神呢？" 10 后来她天天和约瑟说，约瑟却不听从她，不与她同寝，也不和她在一处。11 有一天，约瑟进屋里去办事，家中人没有一个在那屋里，12 妇人就拉住他的衣裳，说："你与我同寝吧！"约瑟把衣裳丢在妇人手里，跑到外边去了。13 妇人看见约瑟把衣裳丢在她手里跑出去了，14 就叫了家里的人来，对他们说："你们看！他带了一个希伯来人进入我们家里，要戏弄我们。他到我这里来，要与我同寝，我就大声喊叫。15 他听见我放声

五、有理莫轻让

人长得漂亮是好事，但也容易受骚扰、惹麻烦。约瑟人帅又能干，爱慕的人就多。护卫长的老婆，约瑟的老板娘，也算是个资深美女吧，想赶时髦，搞姐弟恋，对约瑟就常常眉目传情，发个黄色短信之类的撩拨约瑟。有一次更是直截了当，仿佛鲁迅笔下的阿Q，竟然直白地说："约瑟，我想和你睡觉！"约瑟不从，开始给老板娘上课，晓知以理，动之以情。可老板娘色欲熏心，天天缠着约瑟，卖弄风情，搞得约瑟苦恼万分，不知如何是好，只得尽量躲避。

不过，一个是总管，一个是老板娘，本是抬头不见低头见的，所以有一天，约瑟进屋办事，不知是偶然还是老板娘的安排，屋中一个下人也没有，只有老板娘。她一见是约瑟，便卖弄风骚，还伸手要去解约瑟的衣服。约瑟急忙中只好来个金蝉脱壳，把外衣丢在老板娘手中，仓惶逃去。老板娘恼羞成怒，心生歹念，反倒恶人先告状，诬陷约瑟调戏她。人家是"证据"在手，约瑟百口难辨，便被主人下在监里。

由此可见之五：对待办公室性搔扰、校园性骚扰，首先要尽量避免和对方单独相处，最好的办法是当面警告外加及时上报，以文字形式向上级主管或人事部门汇报，这样才能有效地保护自己的权益。如果上级装聋作哑，那么辞职和转学可能就是最好的选择了。

喊起来,就把衣裳丢在我这里,跑到外边去了。"16 妇人把约瑟的衣裳放在自己那里,等着他主人回家,17 就对他如此如此说:"你所带到我们这里的那希伯来仆人进来要戏弄我,18 我放声喊起来,他就把衣裳丢在我这里跑出去了。"

19 约瑟的主人听见他妻子对他所说的话说,你的仆人如此如此待我,他就生气,20 把约瑟下在监里,就是王的囚犯被囚的地方。于是约瑟在那里坐监。21 但耶和华与约瑟同在,向他施恩,使他在司狱的眼前蒙恩。22 司狱就把监里所有的囚犯都交在约瑟的手下,他们在那里所办的事都是经他的手。23 凡在约瑟手下的事,司狱一概不察,因为耶和华与约瑟同在,耶和华使他所作的尽都顺利。

> 势利是你与人相处时的心态问题
> 智慧是你选择和什么人相处的问题

六、凡事盼望

可怜的约瑟蒙冤入狱,刚开始自然是满心悲愤,哀叹命运为何如此不公。日子刚好过没几天,就又遭此无妄之灾。但转念又想:这应该又是一个要学的人生功课吧。中国的孟子不是说"故天将降大任于斯人也,必先苦其心志,劳其筋骨,饿其体肤,空乏其身,行拂乱其所为,所以动心忍性,增益其所不能"嘛?这饿体肤、劳筋骨、苦心志,还容易理解,但为什么老天偏还要行拂乱其所为(做啥啥不顺),空乏其身(不依靠自己的智慧与经验)呢?深深思想,这世上万事往往不以人的意志为转移,就是要让人明白人的视野是何等有限;此时有益、局部得利,未必符合长远与大局,所以要谦卑自己,能够去学习知天命、循天理、顺天道,方能成就一番大事。

约瑟想通了这点,心里爽快多了。心态平衡,做事积极,凡事也就格外顺利。没多久,约瑟的勤勉态度和管理才能被典狱长发现,进而重用,甚至把监里所有囚犯都交由约瑟管理,凡约瑟手下的事,典狱长一概不察。

由此可见之六:逆境容易让人消沉,消沉却不可以丧志。正因为身处逆境,所以更要积极努力,才不至随波逐流。在艰苦的环境中,人更需要有美好信念,美好的信念是希望的本质。

"挪亚!我提醒你多少次要记得给方舟装上舵,你总是说不用不用。瞧瞧,现在我们困在山顶上了不是!"

(注:根据《圣经》记载,方舟最后停于今土耳其境内亚拉腊山上。)

第40章

1 这事以后,埃及王的酒政和膳长得罪了他们的主埃及王,2 法老就恼怒酒政和膳长这二臣,3 把他们下在护卫长府内的监里,就是约瑟被囚的地方。4 护卫长把他们交给约瑟,约瑟便伺候他们;他们有些日子在监里。

七、良禽择木

因为约瑟的主人是法老护卫长，所以他被囚的监狱是位于护卫长府内的法老的监狱。也就是说，被关在这里的犯人大都是朝廷命官。那些人被关押往往不一定是因为法律问题，而更多是政治问题。

约瑟很能体会那种从云端跌落的感受，便对这些人多了些同情，生活上尽量地照顾他们。其中好些人原本在护卫长家中就见过面，现在落难了，得到约瑟的照顾，那感情自然就深厚了许多。

一天，法老的酒政和膳长得罪了法老，也被关到这所监狱里。约瑟呢，自然是好生照顾。三人相处倒也颇为融洽。约瑟也常常和他们聊天，听他们讲讲宫中趣事，长了不少见识。虽说这是一座监狱，但对约瑟而言，倒更像是黄埔军官学校，每天听的都是国家大事和复杂的权力平衡。更可贵的是，这里都是一个个活生生的失败的案例，更具教育意义。这几年的牢狱生活，大大提高了约瑟的管理知识水平，使自己从一个公司主管的眼界，提高到了国家管理者的境界。

由此可见之七：一个人的朋友圈子很重要。不要为了找优越感，整天和一些不如你的哥们儿混，找老大的感觉。多和一些优秀的人来往，见世面，长见识，才能不断提升自己。这不是教你势利眼，势利是你与人相处时的心态问题，智慧是你选

5 被囚在监之埃及王的酒政和膳长，二人同夜各作一梦，各梦都有讲解。6 到了早晨，约瑟进到他们那里，见他们有愁闷的样子。7 他便问法老的二臣，就是与他同囚在他主人府里的，说："你们今日为什么面带愁容呢？"8 他们对他说："我们各人作了一梦，没有人能解。"约瑟说："解梦不是出于神吗？请你们将梦告诉我。"

不尝试是永远没机会改变的

9 酒政便将他的梦告诉约瑟说："我梦见在我面前有一棵葡萄树，10 树上有三根枝子，好像发了芽、开了花，上头的葡萄都成熟了。11 法老的杯在我手中，我就拿葡萄挤在法老的杯里，将杯递在他手中。"12 约瑟对他说："你所作的梦是这样解：三根枝子就是三天，13 三天之内，法老必提你出监，叫你官复原职，你仍要递杯在法老的手中，和先前作他的酒政一样。14 但你得好处的时候，求你记念我，施恩与我，在法老面前提说我，救我出这监牢。15 我实在是从希伯来人之地被拐来的，我在这里也没有作过什么，叫他们把我下在监里。"

16 膳长见梦解得好，就对约瑟说："我在梦中见我头上顶着三筐白饼，17 极上的筐子里有为法老烤的各样食物，有飞鸟来吃我头上筐子里的食物。"18 约瑟说："你的梦是这样解：三个筐子就是三天。三天之内，法老必斩断你的头，把你挂在木头上，必有飞鸟来吃你身上的肉。"

择和什么人相处的问题。

八、勇于尝试

当初约瑟因为炫耀自己所做的两个梦,而遭哥哥们的嫉恨,从而命运变否。现在谁曾想约瑟又会因梦而再次改变命运呢?

现代科学说:梦,人人都做,只是有人记得,有人记不得。做梦容易解梦难。周公试图用象征来解梦,太过简单,虽通俗易懂,但只能做茶余饭后的消遣;弗洛伊德用性心理学作梦的解析,略显牵强,虽有一定科学道理,但却片面偏颇。常言道:日有所思,夜有所梦。梦可以是对过去的回忆,也可以是对未来的推想。做梦的人细想想梦的细节,多少还是可以从现实生活中找到一些痕迹的。

譬如和约瑟同住监里的酒政和膳长,有天夜里各做了一个梦,梦的情节极为相似,却又有所不同,而且颇具象征意义,感觉好像在说明什么事情一样,但无人能解,所以甚是愁闷。约瑟知道了,就自告奋勇,为他们来解。约瑟解的结论是:三天之内,酒政将官复原职;膳长将被砍头。解完梦,约瑟建议膳长安排后事,同时拜托酒政出狱之后,可别忘了为兄弟申冤。

20 到了第三天，是法老的生日，他为众臣仆设摆筵席，把酒政和膳长提出监来，21 使酒政官复原职，他仍旧递杯在法老手中。22 但把膳长挂起来，正如约瑟向他们所解的话。23 酒政却不记念约瑟，竟忘了他。

第 41 章

1 过了两年，法老做梦：梦见自己站在河边，2 有七只母牛从河里上来，又美好又肥壮，在芦荻中吃草。3 随后又有七只母牛从河里上来，又丑陋又干瘦，与那七只母牛一同站在河边。4 这又丑陋又干瘦的七只母牛吃尽了那又美好又肥壮的七只母牛。法老就醒了。5 他又睡着，第二回做梦：梦见一棵麦子长了七个穗子，又肥大又佳美，6 随后又长了七个穗子，又细弱又被东风吹焦了。7 这细弱的穗子吞了那七个又肥大又饱满的穗子。法老醒了，不料是个梦。8 到了早晨，法老心里不安，就差人召了埃及所有的术士和博士来。法老就把所作的梦告诉他们，却没有人能给法老圆解。

由此可见之八：一个人对现实状况不满的时候，要特别留心各种可能的机会，并努力来改变。改变得了改变不了是另一个问题，但不尝试是永远没机会改变的。

九、注重形象

三天之后，事情果真像约瑟所解的那样：酒政官复原职，膳长被砍了头。不过酒政只顾自己快乐，把约瑟拜托他的事忘得一干二净，可怜的约瑟被忽悠了！

转眼又是两年。这两年对约瑟来说，更多了些煎熬。因为有了那么一点盼望，等待便显得更加漫长。好在约瑟相信凡事都有定时、老天自有公道，心里就少了些怨恨；再加上管理监狱的工作也很繁忙，每天倒也过得充实。耐心这么一等待，机会就来了。

这次是因为法老一夜连做两个怪梦。这两个梦情节相似，也是象征意味浓厚，隐约让人觉得不太吉利。法老心里不安，找了以周公为代表的术士们来解，大搞迷信活动，也没搞出个所以然。又找弗洛伊德领军的博士们，进行科学研究，也没研究出个名堂。这时，酒政忽然想起约瑟来，于是赶快向法老报告，举荐约瑟。法老一听国中竟有如此奇人，便赶快差人去请。约

法老说:"好吧,约瑟,如果你敢说我梦中的那七头肥牛是象征我的七个女儿,那你就像他一样,死定了!"

9 那时酒政对法老说:"我今日想起我的罪来。10 从前法老恼怒臣仆,把我和膳长下在护卫长府内的监里。11 我们二人同夜各作一梦,各梦都有讲解。12 在那里同着我们有一个希伯来的少年人,是护卫长的仆人,我们告诉他,他就把我们的梦圆解,是按着各人的梦圆解的。13 后来正如他给我们圆解的成就了:我官复原职;膳长被挂起来了。"

14 法老遂即差人去召约瑟,他们便急忙带他出监,他就剃头,刮脸,换衣裳,进到法老面前。15 法老对约瑟说:"我作了一梦,没有人能解,我听见人说,你听了梦就能解。" 16 约瑟回答法老说:"这不在乎我,神必将平安的话回答法老。" 17 法老对约瑟说:"我梦见我站在河边,18 有七只母牛从河里上来,又肥壮又美好,在芦荻中吃草。19 随后又有七只母牛上来,又软弱又丑陋又干瘦。在埃及遍地,我没有见过这样不好的。20 这又干瘦又丑陋的母牛吃尽了那以先的七只肥母牛,21 吃了以

瑟就剃头、刮脸、换衣裳，来到法老面前。法老见约瑟这么年轻，有点儿不放心，就问道："你懂解梦吗？"约瑟微微笑了笑说："略懂。"法老再看约瑟羽扇纶巾、气定神闲，不像略懂，倒像很懂，就把自己所做的两个怪梦详详细细地讲给约瑟听。

由此可见之九： 在准备出席一些重要场合时，如面试、相亲、宴会、参加会议和拜访客户等等，要特别注意个人卫生及穿着仪表。有人可能觉得成大事者不拘小节，但这不仅是个人形象问题，更代表你对别人的尊重。细节影响成败，态度决定高度。

十、多走一里路

约瑟为法老解了梦，其结果令人大吃一惊。原来法老的这两个梦都在说明一件关系到埃及国家命运的大事，那就是埃及遍地必来七个丰收年，然后就是七个荒年，灾荒之严重程度更甚。为什么梦两回呢？那是说明这事很快就会发生，所以目前情况十分紧急，要早做预备。

梦，解到这里本来就算解完了。按理说任务完成了，就该等着领赏或者借机向法老申明当年的冤屈。但约瑟并没有这样做，而是接着提出面对即将发生的丰收与灾荒，应当深挖洞、

后却看不出是吃了,那丑陋的样子仍旧和先前一样。我就醒了。22 我又梦见一棵麦子,长了七个穗子,又饱满又佳美,23 随后又长了七个穗子,枯槁细弱,被东风吹焦了。24 这些细弱的穗子吞了那七个佳美的穗子。我将这梦告诉了术士,却没有人能给我解说。"

态度决定高度

25 约瑟对法老说:"法老的梦乃是一个,神已将所要作的事指示法老了。26 七只好母牛是七年;七个好穗子也是七年;这梦乃是一个。27 那随后上来的七只又干瘦又丑陋的母牛是七年;那七个虚空、被东风吹焦的穗子也是七年,都是七个荒年。28 这就是我对法老所说,神已将所要作的事显明给法老了。29 埃及遍地必来七个大丰年,30 随后又要来七个荒年,甚至在埃及地都忘了先前的丰收,全地必被饥荒所灭。31 因那以后的饥荒甚大,便不觉得先前的丰收了。32 至于法老两回做梦,是因神命定这事,而且必速速成就。33 所以法老当拣选一个有聪明有智慧的人,派他治理埃及地。34 法老当这样行,又派官员管理这地。当七个丰年的时候,征收埃及地的五分之一,35 叫他们把将来丰年一切的粮食聚敛起来,积蓄五谷,收存在各城里作食物,归于法老的手下。36 所积蓄的粮食可以防备埃及地将来的七个荒年,免得这地被饥荒所灭。"

37 法老和他一切臣仆,都以这事为妙。38 法老对臣仆说:"像这样的人,有神的灵在他里头,我们岂能找得着呢?"39 法老对约瑟说:"神既将这事都指示你,可见没有人像你这样有聪明有智慧。40 你可以掌管我的家,我的民都必听从你的话,惟独在宝座上我比你大。"41 法老又对约瑟说:"我派你治理埃及全地。"42 法老就

广积粮、不称霸、缓称王，要做好备战备荒工作。当然整个工作的关键就在于用人，所以约瑟建议法老应该选派一名德才兼备的人，全面负责这项工作。

法老和各位大臣一听，都觉得约瑟所言极是。但该选什么人来担此重任呢？法老环视一番，心中有底了。他先对诸位大臣说："咱们国这么多人，却没人能解得了我的梦。现在咱要找的这管理奇才，更应该是天赋异秉的高人，该到哪里去找呢？"众人面面相觑，也不知如何是好。法老笑了笑，对约瑟说："解梦可不容易，除非是上帝对你有特别的启示。而你，不但给朕，不，给我解了梦，还给我提出这么好的解决方案，可见你是有备而来，也是有真本事的人。得，就是你了。我要请你做总理，治理埃及全地。从今天起，你就是全埃及的第二号人物。我给你充分的授权、足够的俸禄，并帮助你建立权威。同时呢，再给你找个门当户对的夫人，你就可以放胆、放手、放心地为我治理国家了。"

这一年，约瑟三十岁。

由此可见之十：对待任何工作都要持积极主动的态度。肯多想一想，多做一点，尽量做周到一些，虽然会比较辛苦，但会带给自己更多、更好的机会。好比给你五块钱买土豆，你可以很简单地就去买了回来；但也可以搞清楚是要买来给谁吃的，想怎么吃，要配什么菜，还有什么一块儿可以捎的，然后买到最适合的土豆。成功的奥秘往往就在你肯不肯多走这一里路。

摘下手上打印的戒指，戴在约瑟的手上，给他穿上细麻衣，把金链戴在他的颈项上。43 又叫约瑟坐他的副车，喝道的在前呼叫说："跪下！"这样，法老派他治理埃及全地。44 法老对约瑟说："我是法老，在埃及全地，若没有你的命令，不许人擅自办事（原文作"动手动脚"）。"45 法老赐名给约瑟，叫撒发那忒巴内亚，又将安城的祭司波提非拉的女儿亚西纳给他为妻。约瑟就出去巡行埃及地。

> 对待任何工作都要持积极主动的态度。
> 肯多想一想，多做一点，尽量做周到一些，
> 虽然会比较辛苦，
> 但会带给自己更多、更好的机会。

十一、保守内心

另外，顺便插花一下，我们看看法老的领导艺术。此人绝非诸葛亮事必躬亲的类型，而是用人不疑充分授权的孙仲谋风格。他遇有难题，肯广泛征求意见，礼贤下士。在用人上，不问出身，没有外省人本地人之类的偏见，连选政府首脑都不在乎你是以色列来的还是肯尼亚来的。同时为了避免其他官员不满，先抛出问题，让官员们讨论，等大家无解时，就顺理成章地提出自己的方案，详细解释，让众人心服口服。一旦任命，便充分授权，明确授权的界限，并不设立其他机制掣肘，而且提供相应的行政资源，可谓用人有道。

我们如果记得护卫长的用人方法，就会发现护卫长也是充分授权型的领袖。这既是个性使然，更是他长期跟在法老身边，耳濡目染学习得来的。还有那个典狱长，显然也是上行下效。全国上下各级领导都能如此管理，可见当时人才一定备受重视，且有出头的机会，难怪当时埃及会那么强大。

回头再说约瑟，在法老为他举办的盛大的就职典礼上，约瑟发表了一篇激励人心的演讲，最后，他感性地说："……体认到天降大任于斯人，也就是上帝召唤我们来创造不确定的命运，乃是我们信心的源泉，也正是自由与信仰的意义。而这就是为什么今天不同种族和信仰的男女老幼能在此共同庆祝，这就是为什么像我这样的第一代移民，虽然出身奴隶，现在却能站在你们面前做最神圣的宣誓。"

> **成功的奥秘**
> **往往就在你肯不肯多走这一里路**

46 约瑟见埃及王法老的时候年三十岁。他从法老面前出去遍行埃及全地。47 七个丰年之内,地的出产极丰极盛(原文作"一把一把的"),48 约瑟聚敛埃及地七个丰年一切的粮食,把粮食积存在各城里,各城周围田地的粮食都积存在本城里。49 约瑟积蓄五谷甚多,如同海边的沙,无法计算,因为谷不可胜数。

50 荒年未到以前,安城的祭司波提非拉的女儿亚西纳给约瑟生了两个儿子。51 约瑟给长子起名叫玛拿西(就是"使之忘了"的意思),因为他说:"神使我忘了一切的困苦和我父的全家。"52 他给次子起名叫以法莲(就是"使之昌盛"的意思),因为他说:"神使我在受苦的地方昌盛。"

> **心地影响气度**
> **气度影响视野**
> **视野影响作为**
> **一生的成就乃是由心发出**

上任之后，约瑟首先巡视全地，一来宣示权威，二来体察民情，三来推动政策。虽然约瑟是直升机干部，但早在护卫长家做总管时，就已认识大多数官员，在监狱时更与其中部分人结下情谊，所以做起事来，便顺利很多。千里马遇到伯乐，有人脉再加上时机，正所谓天时地利人和，就把约瑟造就成了一代伟人。

由此可见之十一：一个人要想成功，需要具备多方面因素。外在的环境我们无法掌控，但内在的环境却可以好好经营。人们常说天道酬勤，机会只降临在有准备的人身上，就是这个意思。但其中最为重要的是我们要保守内心的纯正。心地影响气度，气度影响视野，视野影响作为。一生的成就乃是由心发出。

十二、等候即盼望

事情果然就如约瑟说的那样，埃及接下来经历了七个丰收之年。若没有约瑟的预警，埃及很可能会被粮食储备世界第一冲昏了头脑，而到处莺歌燕舞、花天酒地、挥霍浪费；或是提前消费，不管有没有信用也敢借贷放贷。埃及在约瑟总理的管理之下，全国统一粮食收购价格，以防供过于求，谷贱伤民；

"挪亚！你怎么可以忘了在方舟上装门呢?!"

机会只降临在有准备的人身上

53 埃及地的七个丰年一完，54 七个荒年就来了，正如约瑟所说的，各地都有饥荒，惟独埃及全地有粮食。55 及至埃及全地有了饥荒，众民向法老哀求粮食，法老对他们说："你们往约瑟那里去，凡他所说的你们都要作。" 56 当时饥荒遍满天下，约瑟开了各处的仓，粜粮给埃及人；在埃及地饥荒甚大。57 各地的人都往埃及去，到约瑟那里籴粮，因为天下的饥荒甚大。

信念，就是黑暗中的亮光
人需要信念的指引，才能到达理想的彼岸

同时广建粮仓，积蓄五谷无可计数。

虽然有人抨击约瑟的粮食储备过多，应该扩大粮食与能源的出口，同时可以大量进口高档奢侈品，促进消费。但约瑟不为所动，一方面严格控制货币的增值速度，另一方面加强基础设施投资，特别是农田水利基本建设。

七年当中，约瑟为自己的坚持承受了很多的压力。甚至有人诽谤弹劾约瑟，但约瑟都坚持了下来。一片苦心却遭人误解，灰心沮丧的时候，就用挪亚花几十年时间造一艘看似毫无意义的方舟的故事来激励自己，坚定自己的信念。七个丰年过后，荒年就准时到来。各地都有饥荒，唯独埃及全地不缺粮食。约瑟的紧缩政策此时开始显现出重要的现实意义。

由此可见之十二：坚持真理的道路往往是孤独艰辛的，所以忍耐的品格便分外可贵。等候的过程往往是痛苦漫长的，而信念就是黑暗中的亮光。人需要信念的指引，才能到达理想的彼岸。

生气却不可犯罪
不可给魔鬼留下余地

第42章

1 雅各见埃及有粮,就对儿子们说:"你们为什么彼此观望呢? 2 我听见埃及有粮,你们可以下去,从那里为我们籴些来,使我们可以存活,不至于死。"3 于是,约瑟的十个哥哥都下埃及籴粮去了。4 但约瑟的兄弟便雅悯,雅各没有打发他和哥哥们同去,因为雅各说:"恐怕他遭害。"5 来籴粮的人中有以色列的儿子们,因为迦南地也有饥荒。

6 当时治理埃及地的是约瑟,粜粮给那地众民的就是他。约瑟的哥哥们来了,脸伏于地,向他下拜。7 约瑟看见他哥哥们,就认得他们,却装作生人,向他们说

十三、含怒不到日落

个人储备毕竟有限,过不多久,埃及的百姓也开始缺粮了,便都跑到法老那里哀求开仓放粮。法老是个心胸相当宽广,处理事情很有智慧的人。他并不借机卖人情,而是说:"咱们国家实行的是总理负责制,你们去找约瑟总理吧,凡他所说的你们都要做。"

那约瑟呢,就开仓卖粮给埃及人,但限量供应。周边国家的人也都往埃及去买粮。卖得是比平时贵些,但因没有奸商囤积问题,价格倒也并不离谱。

此时约瑟父亲一家也同样面临着严重的缺粮问题。老父亲看见儿子们还一副观望的态度,就挺不高兴,让他们赶快到埃及去买粮。但这次,老父亲多了个心眼,没有让约瑟的弟弟便雅悯去。哥哥们问为什么,雅各沉着脸说:"恐怕他遭害。"说得约瑟的哥哥们心惊肉跳,赶快往埃及去也。约瑟失踪的阴影是父亲心头抹不去的伤痛。

到了埃及,哥哥们来到约瑟面前求粮。正当壮年的约瑟显得成熟稳重,哥哥们根本无法想象,当今埃及总理竟是被自己卖掉的弟弟。而约瑟却一眼就认出了他们,心中的感受真是五味杂陈。怨恨与愤怒伴随着痛苦的回忆一下子涌上心头。于是便装作不认识的生人一样,问询他们。

由此可见之十三:愤怒是因为人有公义心,这是自我保护

些严厉话,问他们说:"你们从哪里来?"他们说:"我们从迦南地来籴粮。" 8 约瑟认得他哥哥们,他们却不认得他。9 约瑟想起从前所作的那两个梦,就对他们说:"你们是奸细,来窥探这地的虚实。" 10 他们对他说:"我主啊,不是的,仆人们是籴粮来的。11 我们都是一个人的儿子,是诚实人,仆人们并不是奸细。" 12 约瑟说:"不然,你们必是窥探这地的虚实来的。" 13 他们说:"仆人们本是弟兄十二人,是迦南地一个人的儿子,顶小的现今在我们的父亲那里,有一个没有了。" 14 约瑟说:"我才说你们是奸细,这话实在不错。15 我指着法老的性命起誓,若是你们的小兄弟不到这里来,你们就不得出这地方,从此就可以把你们证验出来了。16 须要打发你们中间一个人去,把你们的兄弟带来。至于你们,都要囚在这里,好证验你们的话真不真,若不真,我指着法老的性命起誓,你们一定是奸细。" 17 于是约瑟把他们都下在监里三天。

> 正确处理负面情绪的方法
> 不是逃避、否认或隐藏,
> 而是应当加以正视并要有适当的表达和抒发。

18 到第三天,约瑟对他们说:"我是敬畏神的,你们照我的话行就可以存活。19 你们如果是诚实人,可以留你们中间的一个人囚在监里,但你们可以带着粮食回去,救你们家里的饥荒。20 把你们的小兄弟带到我这里来,如此,你们的话便有证据,你们也不至于死。"他们就照样而行。21 他们彼此说:"我们在兄弟身上实在有罪,他哀求我们的时候,我们见他心里的愁苦,却不

的信号，也是正常的情绪反应。正确处理负面情绪的方法不是逃避、否认或隐藏，而是应当加以正视并要有适当的表达和抒发。要注意的其实是一个"度"的问题，也就是生气却不可犯罪，不可给魔鬼留下余地。

十四、有泪也要去弹

看到哥哥们向自己下拜，约瑟猛然想起从前所作的那两个梦来，心中不由得一凛：一切都是天意。既然一切都是天意，自己便不该怀恨在心，为难他们。当看到兄弟中独缺与自己最为亲近的小弟，也不知老父亲状况如何，便计上心来，试探他们："你们不是来买粮的，你们是奸细，来搞情报的。"

哥儿几个一听吓坏了，连忙申辩，并介绍自己的家庭背景，说："我们本来兄弟十二人，一个没了，最小的一个留在家里陪老父亲。"约瑟谎称担心他们撒谎，说："现在我要把你们都下在监里，放你们其中一个回去，除非把你们最小的弟弟带来，证明你们所说不假，我才能相信你们。"于是就把他们都关进牢里。

过了两三天，约瑟又有点心软，觉得自己做得有点过分：别人怎样对我是他们的品格问题，我借机报复只能说明我品格

肯听，所以这场苦难临到我们身上。"22 流便说："我岂不是对你们说过，不可伤害那孩子吗？只是你们不肯听，所以流他血的罪向我们追讨。"23 他们不知道约瑟听得出来，因为在他们中间用通事传话。24 约瑟转身退去，哭了一场，又回来对他们说话，就从他们中间挑出西缅来，在他们眼前把他捆绑。

悲伤如同愤怒一样，
都是正常的情绪反应，不应过分压抑。
但在表达上也应有所节制，注意场合。

也有问题，那我又有什么资格教训他们呢？况且我这么耽搁时日，会让我老父亲多么担心，也会让我父亲与小弟多受饿啊！唉，罢了，不折腾他们了。就把他们从牢里提出来，说："我改主意了，就留你们一个在这里，其余的都可以回去，带上粮食，救你们家中的饥荒。再来时一定要把你们的小弟带过来让我看。"

哥儿几个一听，也只好这样了。彼此间不由得感叹："人家别人买粮都挺简单，交钱走人。偏偏我们这么多事，这真是报应啊！当初约瑟可怜兮兮地求我们，我们却狠心不听。今天自己落到如此地步，也真是活该啊！"

他们这样讲，约瑟在监控室里听得一清二楚，难过不已，顾不得堂堂总理形象，痛哭失声。

由此可见之十四：悲伤如同愤怒一样，都是正常的情绪反应，不应过分压抑。但在表达上也应有所节制，注意场合。难过的时候，可以找人倾诉，无人可以倾诉的时候，可以写写博客什么的，或找个不影响别人的地方哭上一场。男儿有泪不怕弹。

25 约瑟吩咐人把粮食装满他们的器具,把各人的银子归还在各人的口袋里,又给他们路上用的食物。人就照他的话办了。26 他们就把粮食驮在驴上,离开那里去了。27 到了住宿的地方,他们中间有一个人打开口袋,要拿料喂驴,才看见自己的银子仍在口袋里,28 就对弟兄们说:"我的银子归还了,看哪,仍在我口袋里!"他们就提心吊胆,战战兢兢地彼此说:"这是神向我们作什么呢?"

29 他们来到迦南地他们的父亲雅各那里,将所遭遇的事都告诉他说:30 "那地的主对我们说严厉的话,把我们当作窥探那地的奸细。31 我们对他说:'我们是诚实人,并不是奸细。32 我们本是弟兄十二人,都是一个父亲的儿子,有一个没有了,顶小的如今同我们的父亲在迦南地。'33 那地的主对我们说:'若要我知道你们是诚实人,可以留下你们中间的一个人在我这里,你们可以带着粮食回去,救你们家里的饥荒。34 把你们的小兄弟带到我这里来,我便知道你们不是奸细,乃是诚实人。这样,我就把你们的弟兄交给你们,你们也可以在这地作买卖。'"

35 后来他们倒口袋,不料,各人的银包都在口袋里,他们和父亲看见银包就都害怕。36 他们的父亲雅各对他们说:"你们使我丧失我的儿子:约瑟没有了,西缅也没有了,你们又要将便雅悯带去;这些事都归到我身上了。"37 流便对他父亲说:"我若不带他回来交给你,你可以杀我的两个儿子。只管把他交在我手里,我必带他回来交给你。"38 雅各说:"我的儿子不可与你们一同下去,他哥哥死了,只剩下他,他若在你们所行的路上遭害,那便是你们使我白发苍苍、悲悲惨惨地下阴间去了。"

十五、下坡容易上坡难

约瑟吩咐下人给哥哥们装满粮食，又给他们预备了路上吃的干粮，把他们买粮的银子又偷偷装回他们的口袋，留下一位，打发其余的回家。

路上哥儿几个发现银子还在，吓了一大跳，不知是祸是福。回家后向老父亲一五一十地汇报。雅各听了万分难过："你们是要害我的儿子呀！约瑟当年不明不白地没了，如今西缅也回不来，你们还要把便雅悯带走，这是成心要我这条老命呀！不行，再也不能把老小也交在你们手中了，说什么也不行！"

没过多长时间，从埃及买回的粮食吃尽了，父亲把儿子们找来要他们再去埃及买粮。哥儿几个只好一再说明当时情况。父亲还是不信，他们只好起重誓、下毒咒。父亲说："既然这样，也只好如此了。但要记得带足买粮钱，而且一定要把上次的钱还了。另外，要带一些咱们的土特产，挑最好的，送给人家。此去是福是祸，只好听天由命了！"

他们到了埃及之后，约瑟得知便雅悯真的来了，心中分外高兴，便吩咐下人准备午宴。忙完公务，午餐时间，约瑟回家接见兄弟，先问他们："你们的父亲平安吗？还健在吧？"得知老父亲还好，又问："这就是你们的小弟便雅悯吧？"说话间骨肉亲情引得心中又悲又喜，便急忙寻找可哭之地，进到自己屋里，哭了一阵。然后洗了把脸，勉强隐忍，吩咐开饭，一同宴乐。

第43章

1 那地的饥荒甚大。2 他们从埃及带来的粮食吃尽了，他们的父亲就对他们说："你们再去给我籴些粮来。" 3 犹大对他说："那人谆谆地告诫我们说：'你们的兄弟若不与你们同来，你们就不得见我的面。'4 你若打发我们的兄弟与我们同去，我们就下去给你籴粮；5 你若不打发他去，我们就不下去，因为那人对我们说：'你们的兄弟若不与你们同来，你们就不得见我的面。'" 6 以色列说："你们为什么这样害我，告诉那人你们还有兄弟呢？" 7 他们回答说："那人详细问到我们和我们的亲属，说：'你们的父亲还在吗？你们还有兄弟吗？'我们就按着他所问的告诉他，焉能知道他要说'必须把你们的兄弟带下来'呢？" 8 犹大又对他父亲以色列说："你打发童子与我同去，我们就起身下去，好叫我们和你，并我们的妇人孩子，都得存活，不至于死。9 我为他作保，你可以从我手中追讨，我若不带他回来交在你面前，我情愿永远担罪。10 我们若没有耽搁，如今第二次都回来了。"

11 他们的父亲以色列说："若必须如此，你们就当这样行：可以将这地土产中最好的乳香、蜂蜜、香料、没药、榧子、杏仁，都取一点，收在器具里，带下去送给那人作礼物。12 又要手里加倍地带银子，并将归还在你们口袋内的银子仍带在手里，那或者是错了。13 也带着你们的兄弟，起身去见那人。14 但愿全能的神使你们在那人面前蒙怜悯，释放你们的那弟兄和便雅悯回来。我若丧了儿子，就丧了吧！"

15 于是他们拿着那礼物，又手里加倍地带银子，并且带着便雅悯起身下到埃及，站在约瑟面前。16 约瑟见便雅悯和他们同来，就对家宰说："将这些人领到屋里，要宰杀牲畜，预备筵席，因为晌午这些人同我吃饭。" 17 家宰就遵着约瑟的命去行，领他们进约瑟的屋里。18 他们因为被领到约瑟的屋里，就害怕，说："领我们到这里来，

　　由此可见之十五：人对自己的信用要小心维护、始终如一。任何不良的纪录，都需要用加倍的努力和时间的考验去洗刷。这一点古今中外放之四海而皆准。三国的刘备成功之秘诀就在于他的人生信仰之中：勿以恶小而为之，勿以善小而不为。

必是因为头次归还在我们口袋里的银子，找我们的错缝，下手害我们，强取我们为奴仆，抢夺我们的驴。"19 他们就挨近约瑟的家宰，在屋门口和他说话，20 说："我主啊，我们头次下来实在是要籴粮。21 后来到了住宿的地方，我们打开口袋，不料，各人的银子分量足数，仍在各人的口袋内，现在我们手里又带回来了。22 另外又带下银子来籴粮，不知道先前谁把银子放在我们的口袋里。" 23 家宰说："你们可以放心，不要害怕，是你们的神和你们父亲的神赐给你们财宝在你们的口袋里。你们的银子我早已收了。"他就把西缅带出来交给他们。24 家宰就领他们进约瑟的屋里，给他们水洗脚，又给他们草料喂驴。25 他们就预备那礼物，等候约瑟晌午来，因为他们听见要在那里吃饭。

26 约瑟来到家里，他们就把手中的礼物拿进屋去给他，又俯伏在地向他下拜。27 约瑟问他们好，又问："你们的父亲，就是你们所说的那老人家平安吗？他还在吗？" 28 他们回答说："你仆人我们的父亲平安，他还在。"于是他们低头下拜。

任何不良的纪录
都需要用加倍的努力和时间的考验去洗刷

29 约瑟举目看见他同母的兄弟便雅悯，就说："你们向我所说那顶小的兄弟就是这位吗？"又说："小儿啊，愿神赐恩给你！" 30 约瑟爱弟之情发动，就急忙寻找可哭之地，进入自己的屋里，哭了一场。31 他洗了脸出来，勉强隐忍，吩咐人摆饭。32 他们就为约瑟单摆了一席，为那些人又摆了一席，也为和约瑟同吃饭的埃及人另摆了一席，因为埃及人不可和希伯来人一同吃饭，那

十六、有话好好说

见到了和自己一母同胞的小弟便雅悯，约瑟的心放了下来。看见当年恶待自己的哥哥们待小弟非常友爱，便忍不住想与众弟兄相认。但转念一想：这也太便宜他们了吧？再者说，若是他们遇到难处呢？会不会就不顾手足之情了呢？不行，我得再试试他们。于是吩咐下人，给他们装满粮食，分文不取。但又特别嘱咐，把一个……

约瑟的哥哥们出了城，心中既欢喜快乐，又忐忑不安。天下哪有白吃的午餐？况且又是在这饥荒时期。老实说，咱们也未曾做过什么好事，值得人家如此厚爱？连彩票也没买，怎么就中了大奖呢？看埃及总理那复杂的表情，实在难以揣测他葫芦里卖的是什么药。但又不像要加害我们的样子，到底是为了什么？哎，管不了那么多，走一步算一步吧。赶在他回心转意之前，赶快跑吧。

但还没走多远，一队海关执法人员将他们拦住，说是总理家的国宝级银杯丢了，他们最有盗窃走私嫌疑，要进行搜查。约瑟的哥哥们急了，赌咒发誓：从谁处搜出来，就叫谁死，其余人愿为奴！人家一听，倒不高兴了："那怎么可以？我们不能放过一个坏人，也不能冤枉一个好人呀。我们乃是法治国家，要依法办理。在谁那里搜出来，谁就为奴，其余的无罪！"但谁也没有想到，结果竟然从便雅悯那里搜出了银杯！众人见到总理，想要申辩，却也明白怕是跳进尼罗河也洗不清了。

原是埃及人所厌恶的。33 约瑟使众弟兄在他面前排列坐席,都按着长幼的次序,众弟兄就彼此诧异。34 约瑟把他面前的食物分出来,送给他们,但便雅悯所得的比别人多五倍。他们就饮酒,和约瑟一同宴乐。

第44章

1 约瑟吩咐家宰说:"把粮食装满这些人的口袋,尽着他们的驴所能驮的,又把各人的银子放在各人的口袋里,2 并将我的银杯和那少年人籴粮的银子,一同装在他的口袋里。"家宰就照约瑟所说的话行了。3 天一亮就打发那些人带着驴走了。4 他们出城走了不远,约瑟对家宰说:"起来!追那些人去,追上了就对他们说:'你们为什么以恶报善呢?5 这不是我主人饮酒的杯吗?岂不是他占卜用的吗?你们这样行是作恶了。'"

6 家宰追上他们,将这些话对他们说了。7 他们回答说:"我主为什么说这样的话呢?你仆人断不能作这样的事。8 你看,我们从前在口袋里所见的银子,尚且从迦南地带来还你,我们怎能从你主人家里偷窃金银呢?9 你仆人中,无论在谁那里搜出来,就叫他死,我们也作我主的奴仆。"10 家宰说:"现在就照你们的话行吧!在谁那里搜出来,谁就作我的奴仆,其余的都没有罪。"11 于是他们各人急忙把口袋卸在地下,各人打开口袋。12 家宰就搜查,从年长的起,到年幼的为止,那杯竟在便雅悯的口袋里搜出来。13 他们就撕裂衣服,各人把驮子抬在驴上,回城去了。

由此可见之十六：平日说话，不要太满、太绝对，总要给人给己留有余地。这不是教你圆滑，而是要懂得人的局限性，知道自己不能掌控的，总比能够掌控的多得多。

先是银子，再是银杯，最后约瑟把自己也藏到兄弟们的行李中……

14 犹大和他弟兄们来到约瑟的屋中,约瑟还在那里,他们就在他面前俯伏于地。15 约瑟对他们说:"你们作的是什么事呢?你们岂不知像我这样的人必能占卜吗?"16 犹大说:"我们对我主说什么呢?还有什么话可说呢?我们怎能自己表白出来呢?神已经查出仆人的罪孽了,我们与那在他手中搜出杯来的都是我主的奴仆。"17 约瑟说:"我断不能这样行,在谁的手中搜出杯来,谁就作我的奴仆;至于你们,可以平平安安地上你们父亲那里去。"

18 犹大挨近他,说:"我主啊,求你容仆人说一句话给我主听,不要向仆人发烈怒,因为你如同法老一样。19 我主曾问仆人们说:'你们有父亲、有兄弟没有?'20 我们对我主说:'我们有父亲,已经年老,还有他老年所生的一个小孩子。他哥哥死了,他母亲只撇下他一人,他父亲疼爱他。'21 你对仆人说:'把他带到我这里来,叫我亲眼看看他。'22 我们对我主说:'童子不能离开他父亲,若是离开,他父亲必死。'23 你对仆人说:'你们的小兄弟若不与你们一同下来,你们就不得再见我的面。'24 我们上到你仆人我们父亲那里,就把我主的话告诉了他。25 我们的父亲说:'你们再去给我籴些粮来。'26 我们就说:'我们不能下去,我们的小兄弟若和我们同往,我们就可以下去,因为小兄弟若不与我们同往,我们必不得见那人的面。'27 你仆人我父亲对我们说:'你们知道我的妻子给我生了两个儿子,28 一个离开我出去了。我说:他必是被撕碎了,直到如今我也没有见他。29 现在你们又要把这个带去离开我,倘若他遭害,那便是你们使我白发苍苍、悲悲惨惨地下阴间去了。'30 我父亲的命与这童子的命相连,如今我回到你仆人我父亲那里,若没有童子与我们同在,31 我们的父亲见没有童子,他就必死。这便是我们使你仆人我们的父亲,白发苍苍、悲悲惨惨地下阴间去了。32 因为仆人曾向我父亲为这童子作保,说:'我若不带他回来交给父亲,我便在父亲面前永远担罪。'33 现在求你容仆

十七、装酷挺累的

当年出主意卖约瑟的犹大一看这个局面,心中暗暗叫苦:怎么偏偏就是小弟呢?这可没法向老爹交代了!这要是人家按我们发的誓处理,可就全完了!小弟被杀,我们为奴,老爸不饿死,也得难过死了!于是上前,试探性地说道:"说啥也没用了,让我们都作您的奴仆吧。"

约瑟仿佛看穿了他的心思,笑了笑:"依法办理就是依法办理。他,留下;你们,走人。"犹大急了,赶快道出其中原委,讲到老爸之所以如此疼爱便雅悯,乃是把对约瑟的思念和爱都寄托在他的身上。"掌上明珠约瑟失踪之后,老父亲已是悲恸欲绝。若今天不能把便雅悯带回父亲身边,那我们的老父亲可要白发苍苍、悲悲惨惨地下阴间去了!所以, 求您把我们留下为奴,放我们的小弟回去吧!"

听到这里,约瑟再也忍不住了,知道自己要失态,便吩咐下人都出去,然后放声大哭,哭得是惊天动地!法老听见了,有点奇怪:平时约瑟 EQ 挺高的,今天这是怎么了?看来一定有重要的事情发生了。

由此可见之十七:情商高不等于抹杀喜怒哀乐,而是懂得场合与界限。所谓哭有时,笑有时;哀恸有时,跳舞有时。喜爱有时,恨恶有时;征战有时,和好有时。

人住下,替这童子作我主的奴仆,叫童子和他哥哥们一同上去。34 若童子不和我同去,我怎能上去见我父亲呢?恐怕我看见灾祸临到我父亲身上。"

第45章

1 约瑟在左右站着的人面前情不自禁,吩咐一声说:"人都要离开我出去!"约瑟和弟兄们相认的时候,并没有一人站在他面前。2 他就放声大哭,埃及人和法老家中的人都听见了。3 约瑟对他弟兄们说:"我是约瑟,我的父亲还在吗?"他弟兄不能回答,因为在他面前都惊惶。

4 约瑟又对他弟兄们说:"请你们近前来。"他们就近前来,他说:"我是你们的兄弟约瑟,就是你们所卖到埃及的。5 现在不要因为把我卖到这里自忧自恨,这是神差我在你们以先来,为要保全生命。6 现在这地的饥荒已经二年了,还有五年不能耕种,不能收成。7 神差我在你们以先来,为要给你们存留余种在世上,又要大施拯救,保全你们的生命。8 这样看来,差我到这里来的不是你们,乃是神。他又使我如法老的父,作他全家的主,并埃及全地的宰相。9 你们要赶紧上到我父亲那里,对他说:'你儿子约瑟这样说:神使我作全埃及的主,请你下到我这里来,不要耽延。10 你和你的儿子、孙子,连牛群羊群,并一切所有的,都可以住在歌珊地与我相近,11 我要在那里奉养你。因为还有五年的饥荒,免得你和你的眷属,并一切所有的,都败落了。'12 况且你们的眼和我兄弟便雅悯的眼都看见是我亲口对你们说话。

十八、施比受有福

　　约瑟与兄弟们相认了。这戏剧性的转变让他的哥哥们心中五味杂陈，愣在那里，一时无法反应。弄得约瑟反过来倒得安慰他们，把自己的心路历程剖白一番，大意是这一切冥冥中早已注定，福祸相倚，世事难料。若非当初，哪有如今？我已经原谅你们了，你们也就不要自忧自恨，赶快去接咱老爸吧。法老知道约瑟兄弟团圆，也很欢喜，奖赏一番不说，还派专车接送。于是雅各老老少少一大家，六七十号人浩浩荡荡来到埃及。

　　父子相见，悲喜交集不表，我们来看埃及法老。我们以前讲过这位法老是充分授权型的领导风格，疑人不用，用人不疑。不拘一格用人才，重用一个奴仆身份的外国人做自己的总理，古今社会里恐怕也找不出第二人。而且法老真诚善待约瑟，将埃及国中最好的地都舍得赐给约瑟家人居住。因为他知道当今社会，优秀的管理人才极为缺乏，对 CEO 的待遇和别人相比也许很高，但实际上要和他的能力和贡献（不单是过去的，而且还包括将来的）相比才对。另一方面，让约瑟后顾无忧，他才好集中精力抗旱救灾。

　　那约瑟也不客气，法老给的乐意，他也收得爽快；但在粮食配给这一敏感问题上，约瑟却不搞特殊化，对自己家族也是按各家的人口供应。

> 要懂得人的局限性
> 知道自己不能掌控的
> 总比能够掌控的多得多

13 你们也要将我在埃及一切的荣耀和你们所看见的事，都告诉我父亲，又要赶紧地将我父亲搬到我这里来。" 14 于是约瑟伏在他兄弟便雅悯的颈项上哭；便雅悯也在他的颈项上哭。15 他又与众弟兄亲嘴，抱着他们哭，随后他弟兄们就和他说话。

16 这风声传到法老的宫里，说："约瑟的弟兄们来了。"法老和他的臣仆都很喜欢。17 法老对约瑟说："你吩咐你的弟兄们说：你们要这样行：把驮子抬在牲口上，起身往迦南地去。18 将你们的父亲和你们的眷属都搬到我这里来，我要把埃及地的美物赐给你们，你们也要吃这地肥美的出产。19 现在我吩咐你们要这样行：从埃及地带着车辆去，把你们的孩子和妻子，并你们的父亲都搬来。20 你们眼中不要爱惜你们的家具，因为埃及全地的美物都是你们的。"

21 以色列的儿子们就如此行。约瑟照着法老的吩咐给他们车辆和路上用的食物，22 又给他们各人一套衣服，惟独给便雅悯三百银子，五套衣服；23 送给他父亲公驴十匹，驮着埃及的美物；母驴十匹，驮着粮食与饼和菜，为他父亲路上用。24 于是约瑟打发他弟兄们回去，又对他们说："你们不要在路上相争。" 25 他们从埃及上去，来到迦南地他们的父亲雅各那里，26 告诉他说："约瑟还在，并且作埃及全地的宰相。"雅各心里冰凉，因为不信他们。27 他们便将约瑟对他们说的一切话都告诉了他。他们父亲雅各，又看见约瑟打发来接他的车辆，心就苏醒了。28 以色列说："罢了！罢了！我的儿子约瑟还在，趁我未死以先，我要去见他一面。"

The Story of Joseph

约瑟传奇

"我就是你们的亲弟弟约瑟呀!"

由此可见之十八:一个人自己想要有所成就,首先态度上要看重别人,做事上要去成全别人。事情常常是这样:给出去的越多,得到的会更多。不肯给的,已有的也守不住。嘿嘿。

哭有时 笑有时
哀恸有时 跳舞有时
喜爱有时 恨恶有时
争战有时 和好有时

第46章

1 以色列带着一切所有的，起身来到别是巴，就献祭给他父亲以撒的神。2 夜间，神在异象中对以色列说："雅各！雅各！"他说："我在这里。"3 神说："我是神，就是你父亲的神。你下埃及去不要害怕，因为我必使你在那里成为大族。4 我要和你同下埃及去，也必定带你上来，约瑟必给你送终（原文作"将手按在你的眼睛上"）。"5 雅各就从别是巴起行。以色列的儿子们使他们的父亲雅各和他们的妻子、儿女，都坐在法老为雅各送来的车上。6 他们又带着在迦南地所得的牲畜、货财来到埃及。雅各和他的一切子孙都一同来了。7 雅各把他的儿子、孙子、女儿、孙女，并他的子子孙孙，一同带到埃及。

8 来到埃及的以色列人，名字记在下面……

26 那与雅各同到埃及的，除了他儿妇之外，凡从他所生的，共有六十六人。27 还有约瑟在埃及所生的两个儿子。雅各家来到埃及的共有七十人。28 雅各打发犹大先去见约瑟，请派人引路往歌珊去；于是他们来到歌珊地。29 约瑟套车往歌珊去，迎接他父亲以色列。及至见了面，就伏在父亲的颈项上，哭了许久。30 以色列对约瑟说："我既得见你的面，知道你还在，就是死我也甘心。"31 约瑟对他的弟兄和他父的全家说："我要上去告诉法老，对他说：'我的弟兄和我父的全家，从前在迦南地，现今都到我这里来了。32 他们本是牧羊的人，以养牲畜为业，他们把羊群牛群和一切所有的都带来了。' 33 等法老召你们的时候，问你们说：'你们以何事为业？' 34 你们要说：'你的仆人，从幼年直到如今，都以养牲畜为业，连我们的祖宗也都以此为业。' 这样，你们可以住在歌珊地，因为凡牧羊的，都被埃及人所厌恶。"

十九、顺水推舟

约瑟将父亲和兄长们整个家族都搬到了埃及，而此时的埃及，粮食危机已经开始逐渐严重起来。约瑟政府虽然有相对充裕的粮食储备，但考虑到以后局势会更加艰难，所以并不急于大量投放到市场。通货膨胀导致货币持续贬值，股票市场也跟着一片低迷。

在老百姓开始恐慌、多有怨言的时候，约瑟适时推出了以生产工具交换粮食的政策，并向一些经营困难的金融机构注资疏困，使人们又度过了一年饥荒。但饥荒越来越严重，整个国家经济进入萧条时期，大批金融机构甚至保险公司都濒临破产，社会各界纷纷呼吁政府出手救市。约瑟政府在一片恳求声中，终于推出了用不动产换粮食、股权换贷款的紧急法案，国会顺利通过，股票市场开始反弹，人心趋于安定。结果没用多久的时间，约瑟就为法老取得了全埃及土地的所有权。

有人百思不得其解：我们还是耕同样的地，但怎么几年工夫就从给自己打工变成了给别人打工了呢？也有不少人觉得约瑟有掠夺式敛财嫌疑，但大多数人还是认为：是约瑟总理带领埃及并帮助周边国家战胜了这场严重的粮食危机，其政治手段、经济政策和管理水平不可不谓高明。

由此可见之十九：推动一些变革的发生，要特别注意时机并有足够的耐心和技巧。大到国家经济政策的制定，中到公司

第47章

1 约瑟进去告诉法老说:"我的父亲和我的弟兄带着羊群牛群,并一切所有的,从迦南地来了,如今在歌珊地。"2 约瑟从他弟兄中挑出五个人来,引他们去见法老。3 法老问约瑟的弟兄说:"你们以何事为业?"他们对法老说:"你仆人是牧羊的,连我们的祖宗也是牧羊的。"4 他们又对法老说:"迦南地的饥荒甚大,仆人的羊群没有草吃,所以我们来到这地寄居。现在求你容仆人住在歌珊地。"5 法老对约瑟说:"你父亲和你弟兄到你这里来了,6 埃及地都在你面前,只管叫你父亲和你弟兄住在国中最好的地,他们可以住在歌珊地。你若知道他们中间有什么能人,就派他们看管我的牲畜。"7 约瑟领他父亲雅各进到法老面前,雅各就给法老祝福。8 法老问雅各说:"你平生的年日是多少呢?"9 雅各对法老说:"我寄居在世的年日是一百三十岁,我平生的年日又少又苦,不及我列祖在世寄居的年日。"10 雅各又给法老祝福,就从法老面前出去了。11 约瑟遵着法老的命,把埃及国最好的地,就是兰塞境内的地,给他父亲和弟兄居住,作为产业。12 约瑟用粮食奉养他父亲和他弟兄,并他父亲全家的眷属,都是照各家的人口奉养他们。

13 饥荒甚大,全地都绝了粮,甚至埃及地和迦南地的人,因那饥荒的缘故都饿昏了。14 约瑟收聚了埃及地和迦南地所有的银子,就是众人籴粮的银子,约瑟就把那银子带到法老的宫里。15 埃及地和迦南地的银子都花尽了,埃及众人都来见约瑟,说:"我们的银子都用尽了,求你给我们粮食,我们为什么死在你面前呢?"16 约瑟说:"若是银子用尽了,可以把你们的牲畜给我,我就为你们的牲畜给你们粮食。"17 于是他们把牲畜赶到约瑟那里,约瑟就拿粮食换了他们的牛、羊、驴、马。那一年因换他们一切的牲畜,就用粮食养活他们。18 那一年过去,第二年他们又来见约瑟,说:"我们不瞒我主,我们的银子都花尽了,牲畜也都归了我主,我们在我主眼前,

人事升迁、红包分配，小到街坊邻居间劝架，其实都是建立在对人性的了解和认识之上的。市场经济和计划经济的出发点，大政府与小政府的理念分歧也在于此。你琢磨琢磨看，是不是这么回事？

> 真正的饶恕，不是勉为其难地扭曲自己的情感，
> 否定自己的感受，
> 也不是为了显示自己的崇高，
> 而是基于一种高尚的信念，跳出
> 恩怨情仇，从更高的视角看待问题，
> 从而展现出的胸怀和气度。

二十、无恨一身轻

约瑟家族住在埃及的歌珊地，安家置业，生育众多，也就使得以色列由家而族得以存留。约瑟每当想到命运的奇妙安排，心里就感慨万千。

移民埃及十七年后，约瑟的老父亲去世了，这下约瑟的哥哥们可就有点心慌了，担心约瑟当初之所以能接纳他们，是看着父亲的情面，说不定其实还怀恨在心，耿耿于怀呢。如今父

除了我们的身体和田地之外,一无所剩。19 你何忍见我们人死地荒呢?求你用粮食买我们和我们的地,我们和我们的地就要给法老效力。又求你给我们种子,使我们得以存活,不至死亡,地土也不至荒凉。"

20 于是,约瑟为法老买了埃及所有的地,埃及人因被饥荒所迫,各都卖了自己的田地,那地就都归了法老。21 至于百姓,约瑟叫他们从埃及这边直到埃及那边,都各归各城。22 惟有祭司的地,约瑟没有买,因为祭司有从法老所得的常俸。他们吃法老所给的常俸,所以他们不卖自己的地。23 约瑟对百姓说:"我今日为法老买了你们和你们的地。看哪,这里有种子给你们,你们可以种地。24 后来打粮食的时候,你们要把五分之一纳给法老,四分可以归你们作地里的种子,也作你们和你们家口孩童的食物。"25 他们说:"你救了我们的性命,但愿我们在我主眼前蒙恩,我们就作法老的仆人。"26 于是,约瑟为埃及地定下常例直到今日,法老必得五分之一,惟独祭司的地不归法老。

27 以色列人住在埃及的歌珊地,他们在那里置了产业,并且生育甚多。28 雅各住在埃及地十七年,雅各平生的年日是一百四十七岁。

29 以色列的死期临近了,他就叫了他儿子约瑟来,说:"我若在你眼前蒙恩,请你把手放在我大腿底下,用慈爱和诚实待我,请你不要将我葬在埃及。30 我与我祖我父同睡的时候,你要将我带出埃及,葬在他们所葬的地方。"约瑟说:"我必遵着你的命而行。"31 雅各说:"你要向我起誓。"约瑟就向他起了誓,于是以色列在床头上(或作"扶着杖头")敬拜神。

第 50 章

1 约瑟伏在他父亲的面上哀哭,与他亲嘴。2 约瑟吩

亲去世，恐怕就该报复我们了。怎么办呢？干脆假托父亲遗嘱，试试约瑟。

约瑟一眼就看穿了他们的把戏，难过地哭了，对他的哥哥们说："你们还是不了解我呀！我能原谅你们，并不是因为我能，也不是因为看在谁的面子上，而是因为我想明白了：发生在你我身上的一切，都是上帝所允许的。世间的事，谁能看透？从前你们的本意是要害我，但万事互相作用，叫爱上帝的人得益处，我因此而学会了谦卑，认识到人算不如天算，上帝的意念高过人的意念，开始学习怎样从一个更为超越的高度来看事情；另一方面，上帝是用我当初的遭遇，来保存这么多人、乃至咱们民族的性命，成就今日的光景。其实，是老天看得起我，给了我这么大的任务和使命，当然要锻炼我磨炼我喽。而我自己，也在这几十年中，学管理，学做人，不断成长突破；过去的我，很傻很天真，要是照我当年那骄狂的样子，能做到今天这一切吗？所以，虽然我还不至于虚伪地去感谢你们，但你们说，我还会恨你们吗？"

由此可见之二十：真正的饶恕，不是勉为其难地扭曲自己的情感，否定自己的感受，也不是为了显示自己的崇高，而是基于一种高尚的信念，跳出恩怨情仇，从更高的视角看待问题，从而展现出的胸怀和气度。

咐伺候他的医生，用香料薰他父亲，医生就用香料薰了以色列。3 薰尸的常例是四十天；那四十天满了，埃及人为他哀哭了七十天。

4 为他哀哭的日子过了，约瑟对法老家中的人说："我若在你们眼前蒙恩，请你们报告法老说：5 我父亲要死的时候叫我起誓说：你要将我葬在迦南地，在我为自己所掘的坟墓里。现在求你让我上去葬我父亲，以后我必回来。"6 法老说："你可以上去，照着你父亲叫你起的誓，将他葬埋。"7 于是约瑟上去葬他父亲。与他一同上去的，有法老的臣仆和法老家中的长老，并埃及国的长老；8 还有约瑟的全家和他的弟兄们，并他父亲的眷属，只有他们的妇人孩子，和羊群牛群，都留在歌珊地；9 又有车辆马兵，和他一同上去，那一帮人甚多。10 他们到了约旦河外、亚达的禾场，就在那里大大地号啕痛哭。约瑟为他父亲哀哭了七天。11 迦南的居民见亚达禾场上的哀哭，就说："这是埃及人一场极大的哀哭。"因此那地方名叫亚伯麦西，是在约旦河东。12 雅各的儿子们就遵着他父亲所吩咐的办了，13 把他搬到迦南地，葬在幔利前、麦比拉田间的洞里。那洞和田是亚伯拉罕向赫人以弗仑买来为业，作坟地的。 14 约瑟葬了他父亲以后，就和众弟兄，并一切同他上去葬他父亲的人，都回埃及去了。

15 约瑟的哥哥们见父亲死了，就说："或者约瑟怀恨我们，照着我们从前待他一切的恶，足足地报复我们。"16 他们就打发人去见约瑟，说："你父亲未死以先吩咐说：17'你们要对约瑟这样说：从前你哥哥们恶待你，求你饶恕他们的过犯和罪恶。'如今求你饶恕你父亲神之仆人的过犯。"他们对约瑟说这话，约瑟就哭了。18 他的哥哥们又来俯伏在他面前，说："我们是你的仆人。"19 约瑟对他们说："不要害怕，我岂能代替神呢？20 从前你们的意思是要害我，但神的意思原是好的，要保全许多人的性命，成就今日的光景。21 现在你们不要

二十一、上帝与你同在

一晃几十年过去，约瑟也要过世了。临终前，对他的兄弟们说："我要死了。但上帝必定看顾你们，带领你们从这地方出去，到他所承诺给咱们祖宗的地方。我虽然不知道完成这一使命的人是谁，但我知道，这事一定会成就。因为这是上帝的应许。到那个时候，不要忘了把我的骸骨从这里搬到那里。"这也就有了四百年后，摩西带领以色列人出埃及，约书亚带领他们进迦南，以及再以后以色列国在大卫和所罗门王手中昌盛强大的故事。

纵观约瑟一生，实在是坎坷起伏。但在《圣经》中，每当描述在困境中的约瑟时，竟然常常有一句话：凡事尽都顺利。初读时，不禁觉得荒谬：如果能用凡事顺利形容约瑟的遭遇的话，那天底下可再没有什么不顺的人了！但再看，凡事顺利之前，总有另一句话：因上帝与他同在。这句话为"凡事顺利"做了精辟的注解，也点明了信仰之于人生的意义所在：人生不如意者十之八九，不如意容易使人沉沦丧志，但若以坚实的信仰为依靠，这些不如意恰恰就成了使人成长升华的契机和助力。

害怕,我必养活你们和你们的妇人孩子。"于是约瑟用亲爱的话安慰他们。

22 约瑟和他父亲的眷属都住在埃及。约瑟活了一百一十岁。23 约瑟得见以法莲第三代的子孙;玛拿西的孙子玛吉的儿子也养在约瑟的膝上。24 约瑟对他弟兄们说:"我要死了,但神必定看顾你们,领你们从这地上去,到他起誓所应许给亚伯拉罕、以撒、雅各之地。"25 约瑟叫以色列的子孙起誓说:"神必定看顾你们,你们要把我的骸骨从这里搬上去。"26 约瑟死了,正一百一十岁。人用香料将他薰了,把他收殓在棺材里,停在埃及。

The Story of Joseph
63　约瑟传奇

"把咱家搬到这儿是我一生最英明的决定！
瞧瞧！咱们开发的楼盘全部售光了！"

TWO 摩西故事
The Story of Moses

捷径并不好走 进一步海阔天空 屡败屡战 从成就到意义
信心与眼见 信，需要建立 学，需要致用 忘记背后 沟通 必
须的功课 倾听＋分享 优点→盲点→弱点 爱是舍己 说在纸上 坚持
与妥协 适可而止 关系是把双刃剑 机遇 上帝的朋友

摩西故事 参考阅读

《出埃及记》第 1–7、11–20、31–34 章

第 1 章

1 以色列的众子，各带家眷和雅各一同来到埃及。他们的名字记在下面：2 有流便、西缅、利未、犹大、3 以萨迦、西布伦、便雅悯、4 但、拿弗他利、迦得、亚设。5 凡从雅各而生的，共有七十人；约瑟已经在埃及。6 约瑟和他的弟兄，并那一代的人都死了。7 以色列人生养众多，并且繁茂，极其强盛，满了那地。8 有不认识约瑟的新王起来，治理埃及，9 对他的百姓说："看哪，这以色列民比我们还多，又比我们强盛。10 来吧！我们不如用巧计待他们，恐怕他们多起来，日后若遇什么争战的事，就连合我们的仇敌攻击我们，离开这地去了。"11 于是埃及人派督工的辖制他们，加重担苦害他们。他们为法老建造两座积货城，就是比东和兰塞。12 只是越发苦害他们，他们越发多起来，越发蔓延，埃及人就因以色列人愁烦。13 埃及人严严地使以色列人作工，14 使他们因作苦工觉得命苦；无论是和泥，是作砖，是作田间各样的工，在一切的工上都严严地待他们。

15 有希伯来的两个收生婆，一名施弗拉，一名普阿。埃及王对她们说：16 "你们为希伯来妇人收生，看她们临盆的时候，若是男孩，就把他杀了；若是女孩，就留她存活。"17 但是收生婆敬畏神，不照埃及王的吩咐行，竟存留男孩的性命。18 埃及王召了收生婆来，说："你们为什么作这事，存留男孩的性命呢？"19 收生婆对法老说："因为希伯来妇人与埃及妇人不同，希伯来妇人本是健壮的（原文作"活泼的"），收生婆还没有到，她们已经生产了。"20 神厚待收生婆。以色列人多起来，极其强盛。21 收生婆因为敬畏神，神便叫她们成立家室。

一、捷径并不好走

以色列民族因着躲避饥荒的原因，移民到了埃及。当时的法老心胸宽广，再加上以色列裔总理约瑟深受埃及全国各族裔的爱戴，埃及人对以色列民族相当接纳，彼此相安无事。

然而时过境迁，大概 400 年后，因为以色列民族相信人多好办事，不重视计划生育，结果人口日益增多，以致埃及人和现任法老都感到这个民族给他们带来了威胁，便开始了对以色列民族的迫害，而且迫害日益严重，基本上把他们当奴隶来对待了。

"米利暗，快把摩西弟弟放到篮子里，现在不是玩挪亚方舟游戏的时候！"

22 法老吩咐他的众民说:"以色列人所生的男孩,你们都要丢在河里;一切的女孩,你们要存留她的性命。"

第2章

1 有一个利未家的人,娶了一个利未女子为妻。2 那女人怀孕,生一个儿子,见他俊美,就藏了他三个月。3 后来不能再藏,就取了一个蒲草箱,抹上石漆和石油,将孩子放在里头,把箱子搁在河边的芦荻中。4 孩子的姐姐远远站着,要知道他究竟怎么样。

5 法老的女儿来到河边洗澡,她的使女们在河边行走。她看见箱子在芦荻中,就打发一个婢女拿来。6 她打开箱子,看见那孩子。孩子哭了,她就可怜他,说:"这是希伯来人的一个孩子。"7 孩子的姐姐对法老的女儿说:"我去在希伯来妇人中叫一个奶妈来,为你奶这孩子,可以不可以?"8 法老的女儿说:"可以。"童女就去叫了孩子的母亲来。9 法老的女儿对她说:"你把这孩子抱去,为我奶他,我必给你工价。"妇人就抱了孩子去奶他。10 孩子渐长,妇人把他带到法老的女儿那里,就作了她的儿子。她给孩子起名叫摩西,意思说:"因我把他从水里拉出来。"

11 后来摩西长大,他出去到他弟兄那里,看他们的重担,见一个埃及人打希伯来人的一个弟兄。12 他左右观看,见没有人,就把埃及人打死了,藏在沙土里。13 第二天他出去,见有两个希伯来人争斗,就对那欺负人的说:"你为什么打你同族的人呢?"14 那人说:"谁立你作我们的首领和审判官呢?难道你要杀我,像杀那埃及人吗?"摩西便惧怕,说:"这事必是被人知道了。"15 法老听见这事,就想杀摩西,但摩西躲避法老,逃往米甸地居住。

大概是生活太苦闷了，只能在性生活中得到一些欢乐，所以以色列人丁反倒越发兴旺。（人常说的饱暖思淫欲倒未必准确，现在发达国家出生率太低，而发展中国家人口却过剩的现象，也许就是一个反证吧。）人多难免势众，和平崛起也是崛起，更让埃及人担心，所以法老下令给各医院、卫生所的妇产科医生，在为以色列人接生时，若见是男孩，统统杀了。

这一条命令除了不人道之外，本身也非常荒谬。不过埃及的医生们挺讲职业道德，并不去认真执行法老命令，还上有政策下有对策地解释说，以色列妇人健壮活泼，所以通常没等进产房，他们就生了。法老王缺乏医学常识，也就没再深究。但没过多久，就又出一新招。这次他不再依靠所谓专业人士，而是发起群众运动，让他的众民见到以色列人所生的男孩，就统统扔到河里。而摩西，以色列民族历史上最重要的一位领袖，就在这样一个严酷的大环境中诞生了。

由此可见之一：做任何事都不能违背基本的道德伦理，更不能为了便宜行事，提高效率等等走所谓捷径。当所作所为天理不容的时候，失败就开始了。

16 一日，他在井旁坐下，米甸的祭司有七个女儿，她们来打水，打满了槽，要饮父亲的群羊。17 有牧羊的人来把她们赶走了，摩西却起来帮助她们，又饮了她们的群羊。18 她们来到父亲流珥那里，他说："今日你们为何来得这么快呢？" 19 她们说："有一个埃及人救我们脱离牧羊人的手，并且为我们打水饮了群羊。" 20 他对女儿们说："那个人在哪里？你们为什么撇下他呢？你们去请他来吃饭。"

23 过了多年，埃及王死了。以色列人因作苦工，就叹息哀求，他们的哀声达于神。24 神听见他们的哀声，就记念他与亚伯拉罕、以撒、雅各所立的约。25 神看顾以色列人，也知道他们的苦情。

第 3 章

1 摩西牧养他岳父米甸祭司叶忒罗的羊群。一日，领羊群往野外去，到了神的山，就是何烈山。2 耶和华的使者从荆棘里火焰中向摩西显现。摩西观看，不料，荆棘被火烧着，却没有烧毁。3 摩西说："我要过去看这大异象，这荆棘为何没有烧坏呢？" 4 耶和华神见他过去要看，就从荆棘里呼叫说："摩西！摩西！"他说："我在这里。" 5 神说："不要近前来，当把你脚上的鞋脱下来，因为你所站之地是圣地。" 6 又说："我是你父亲的神，是亚伯拉罕的神，以撒的神，雅各的神。"摩西蒙上脸，因为怕看神。7 耶和华说："我的百姓在埃及所受的困苦，我实在看见了；他们因受督工的辖制所发的哀声，我也听见了。我原知道他们的痛苦。8 我下来是要救他们脱

二、进一步海阔天空

儿子是娘心头肉，而且摩西生得俊美可爱，爱都爱不过来，哪舍得就这样白白送死呢。他的母亲便冒着生命危险，尽量藏着。到藏不住时，就找了个草篮子，作了简单的防水处理，放到河里。指望着绝望中能有一线生机。这就可见摩西老妈不简单，是个不轻易放弃的人。

"米利暗，你是不是把摩西弟弟放在洗衣篮子里了？"

说来也巧，法老的女儿到河边洗澡，看见这顺水漂来的漂亮娃娃实在是可爱，哭得又特别让人心疼，虽然明知是个以色列人，但还是舍不得，便决定收养他，于是派人去找个奶妈。摩西的妈妈踊跃报名，结果呢，亲娘喂奶亲生的儿子，还居然领着法老女儿的工钱，天下还有这般美事！摩西妈妈幸福得简

离埃及人的手,领他们出了那地,到美好宽阔流奶与蜜之地,就是到迦南人、赫人、亚摩利人、比利洗人、希未人、耶布斯人之地。9 现在以色列人的哀声达到我耳中,我也看见埃及人怎样欺压他们。10 故此,我要打发你去见法老,使你可以将我的百姓以色列人从埃及领出来。"11 摩西对神说:"我是什么人,竟能去见法老,将以色列人从埃及领出来呢?"12 神说:"我必与你同在;你将百姓从埃及领出来之后,你们必在这山上侍奉我,这就是我打发你去的证据。"

13 摩西对神说:"我到以色列人那里,对他们说:'你们祖宗的神打发我到你们这里来。'他们若问我说:'他叫什么名字?'我要对他们说什么呢?"14 神对摩西说:"我是自有永有的。"又说:"你要对以色列人这样说:'那自有的打发我到你们这里来。'"15 神又对摩西说:"你要对以色列人这样说:'耶和华你们祖宗的神,就是亚伯拉罕的神,以撒的神,雅各的神,打发我到你们这里来。耶和华是我的名,直到永远;这也是我的记念,直到万代。'16 你去招聚以色列的长老,对他们说:'耶和华你们祖宗的神,就是亚伯拉罕的神,以撒的神,雅各的神,向我显现说:我实在眷顾了你们,我也看见埃及人怎样待你们。17 我也说:要将你们从埃及的困苦中领出来,往迦南人、赫人、亚摩利人、比利洗人、希未人、耶布斯人的地去,就是到流奶与蜜之地。'18 他们必听你的话。你和以色列的长老要去见埃及王,对他说:'耶和华希伯来人的神遇见了我们,现在求你容我们往旷野去,走三天的路程,为要祭祀耶和华我们的神。'19 我知道虽用大能的手,埃及王也不容你们去。20 我必伸手在埃及中间施行我一切的奇事,攻击那地,然后他才容你们去。21 我必叫你们在埃及人眼前蒙恩,你们去的时候,就不至于空手而去。22 但各妇女必向她的邻舍,并居住在她家里的女人要金器银器和衣裳,好给你们的儿女穿戴,这样你们就把埃及人的财物夺去了。"

直快要晕倒了。

  由此可见之二：能获得一番成就的人，其不同往往在于：当周遭环境看似毫无希望时，仍不轻言放弃，反而尽最大之努力而为之，能到什么地步就到什么地步。这比别人多走的一步，常常促成了质的飞跃。

三、屡败屡战

  摩西这个以色列人，命实在够大，本来连出生权都被剥夺了，然而却在敌人的眼皮底下、皇宫之中度过了他的童年和青少年时期。但是，他的血管里毕竟流着以色列人的血，当看到自己的同胞受欺压时，他的内心是无法忍受的。结果有一次路见不平，拔刀相助，该出手时一出手，就失手打死一个埃及人，偷偷埋了，以为没人看见。但要想人不知，除非己莫为。事情败露，法老反目，摩西只好逃之夭夭。

  逃亡路上，有一天看见有几个女孩子受恶人欺负，他还是忍不住跳将出来，三拳两脚，帮忙解围。而且好人做到底，还帮她们打水饮羊。结果这几个女孩的父亲知道了……结果逃亡中的摩西便有了一份工作，还娶了一个媳妇，生了一个儿子，

第4章

1 摩西回答说："他们必不信我,也不听我的话,必说:'耶和华并没有向你显现!'" 2 耶和华对摩西说:"你手里是什么?"他说:"是杖。" 3 耶和华说:"丢在地上。"他一丢下去,就变作蛇,摩西便跑开。 4 耶和华对摩西说:"伸出手来拿住它的尾巴,它必在你手中仍变为杖。 5 如此好叫他们信耶和华他们祖宗的神,就是亚伯拉罕的神,以撒的神,雅各的神,是向你显现了。" 6 耶和华又对他说:"把手放在怀里。"他就把手放在怀里,及至抽出来,不料,手长了大麻风,有雪那样白。 7 耶和华说:"再把手放在怀里。"他就再把手放在怀里,及至从怀里抽出来,不料,手已经复原,与周身的肉一样。 8 又说:"倘或他们不听你的话,也不信头一个神迹,他们必信第二个神迹。 9 这两个神迹若都不信,也不听你的话,你就从河里取些水,倒在旱地上,你从河里取的水必在旱地上变作血。"

10 摩西对耶和华说:"主啊,我素日不是能言的人,就是从你对仆人说话以后,也是这样,我本是拙口笨舌的。" 11 耶和华对他说:"谁造人的口呢?谁使人口哑、耳聋、目明、眼瞎呢?岂不是我耶和华吗? 12 现在去吧!我必赐你口才,指教你所当说的话。" 13 摩西说:"主啊,你愿意打发谁,就打发谁去吧!" 14 耶和华向摩西发怒说:"不是有你的哥哥利未人亚伦吗?我知道他是能言的,现在他出来迎接你,他一见你,心里就欢喜。 15 你要将当说的话传给他;我也要赐你和他口才,又要指教你们所当行的事。 16 他要替你对百姓说话;你要以他当作口,他要以你当作神。

也就算是有了一处安居之地。

"这些和泥做砖的游戏是奴隶玩的，你就不能给摩西点儿别的玩具吗？"

由此可见之三：一个人做点好事并不难，难的是做好事没得好报，但还能坚持。而不是失去了信心，不再做好事了。真正的好行为是好品格的自然流露。另外，长得帅不是你的错，但不能因为长得帅，就耍酷，对女孩子失了风度。没事要记着帮女同学打打水什么的。

18 于是摩西回到他岳父叶忒罗那里，对他说："求你容我回去见我在埃及的弟兄，看他们还在不在。"叶忒罗对摩西说："你可以平平安安地去吧！"19 耶和华在米甸对摩西说："你要回埃及去，因为寻索你命的人都死了。"20 摩西就带着妻子和两个儿子，叫他们骑上驴，回埃及地去，摩西手里拿着神的杖。21 耶和华对摩西说："你回到埃及的时候要留意，将我指示你的一切奇事，行在法老面前，但我要使（或作"任凭"。下同）他的心刚硬，他必不容百姓去。22 你要对法老说：'耶和华这样说：以色列是我的儿子，我的长子。23 我对你说过，容我的儿子去，好侍奉我，你还是不肯容他去。看哪，我要杀你的长子。'"24 摩西在路上住宿的地方，耶和华遇见他，想要杀他。25 西坡拉就拿一块火石，割下他儿子的阳皮，丢在摩西脚前，说："你真是我的血郎了。"26 这样耶和华才放了他。西坡拉说："你因割礼就是血郎了。"

27 耶和华对亚伦说："你往旷野去迎接摩西。"他就去，在神的山遇见摩西，和他亲嘴。28 摩西将耶和华打发他所说的言语和嘱咐他所行的神迹，都告诉了亚伦。29 摩西、亚伦就去招聚以色列的众长老。30 亚伦将耶和华对摩西所说的一切话述说了一遍，又在百姓眼前行了那些神迹，31 百姓就信了。以色列人听见耶和华眷顾他们，鉴察他们的困苦，就低头下拜。

第 5 章

1 后来摩西、亚伦去对法老说："耶和华以色列的神这样说：'容我的百姓去，在旷野向我守节。'"2 法老说："耶和华是谁，使我听他的话，容以色列人去呢？我不认识耶和华，也不容以色列人去。"3 他们说："希伯来人的神遇见了我们，求你容我们往旷野去，走三天的路程，祭祀耶和华我们的神，免得他用瘟疫、刀兵攻

四、从成就到意义

摩西作了上门女婿，每天上班放羊信天游，下班老婆孩子热炕头，过着幸福而平凡的宅男生活。虽比不上年少时在皇宫里享受富贵尊荣，但却逍遥自在，颇有"采菊东篱下、悠然见南山"之田园乐趣。

从此之后，摩西只要一看见有火，就赶快脱鞋……以防万一。

一晃几十年过去，有时想起仍在受苦受难的父老乡亲，心里总会有一些难过和不安。但总的来说，日子过得还算不错。不过最近几年，心里却常常有点说不出的惆怅和那么一丝郁闷：想想自己也年纪不小了，好歹也是皇家学院毕业的国家管理硕士，比什么MBA、EMBA不知牛多少倍，这可不是有钱就能

击我们。"4 埃及王对他们说："摩西、亚伦,你们为什么叫百姓旷工呢?你们去担你们的担子吧!"5 又说:"看哪,这地的以色列人如今众多,你们竟叫他们歇下担子!"6 当天,法老吩咐督工的和官长说:7 "你们不可照常把草给百姓作砖,叫他们自己去捡草。8 他们素常作砖的数目,你们仍旧向他们要,一点不可减少,因为他们是懒惰的,所以呼求说:'容我们去祭祀我们的神。'9 你们要把更重的工夫加在这些人身上,叫他们劳碌,不听虚谎的言语。"

10 督工的和官长出来对百姓说:"法老这样说:'我不给你们草。11 你们自己在哪里能找草,就往那里去找吧!但你们的工一点不可减少。'"12 于是百姓散在埃及遍地,捡碎秸当作草。13 督工的催着说:"你们一天当完一天的工,与先前有草一样。"14 法老督工的责打他所派以色列人的官长,说:"你们昨天、今天为什么没有照向来的数目作砖、完你们的工作呢?"

15 以色列人的官长就来哀求法老说:"为什么这样待你的仆人?16 督工的不把草给仆人,并且对我们说:'作砖吧!'看哪,你仆人挨了打,其实是你百姓的错。"17 但法老说:"你们是懒惰的!你们是懒惰的!所以说:'容我们去祭祀耶和华。'18 现在你们去作工吧!草是不给你们的,砖却要如数交纳。"19 以色列人的官长听说"你们每天作砖的工作一点不可减少",就知道是遭遇祸患了。20 他们离了法老出来,正遇见摩西、亚伦站在对面,21 就向他们说:"愿耶和华鉴察你们,施行判断,因你们使我们在法老和他臣仆面前有了臭名,把刀递在他们手中杀我们。"

念的！但如今呢，也就管理这几十只羊而已。唉，难道我这一辈子就只是放羊吗？虽说已经应该很感恩知足了，可总是有那么一点……莫非这就是所谓的中年危机？所以有一天放羊时，摩西就向野外去了，不知不觉中上了传说中的圣山。摩西个人的命运，整个以色列民族的历史，就此改变。

　　由此可见之四：物质的满足和生活的安逸并不能真正满足人的内心需要。人真正渴望的是有价值、有意义的人生。要尽早树立这样的目标，大可不必等到中年乃至快退休了才重新调整自己的奋斗方向。

五、信心与眼见

　　摩西没专心放羊，慢慢地爬上了圣山，心里头有那么一丝期待：也许我的祖先所相信的上帝能向我显现？我能得着点儿什么启示？哎，要真向我显现了，我就信！让我干啥就干啥！不料这话还没说完，还真有奇事发生了！先是看见不知哪儿来的一团火，烧着荆棘，荆棘却不被烧毁，接着又听见上帝亲切地呼唤着摩西的名字，摩西心中是又惊又喜。

　　上帝开始给摩西痛述以色列人的苦难家史，然后说："好，这事就这么定了。你去代表我，跟埃及法老说，让他把以色列

22 摩西回到耶和华那里,说:"主啊,你为什么苦待这百姓呢?为什么打发我去呢? 23 自从我去见法老,奉你的名说话,他就苦待这百姓,你一点也没有拯救他们。"

第6章(1–13节)

1 耶和华对摩西说:"现在你必看见我向法老所行的事,使他因我大能的手容以色列人去,且把他们赶出他的地。"

2 神晓谕摩西说:"我是耶和华。3 我从前向亚伯拉罕、以撒、雅各显现为全能的神,至于我名耶和华,他们未曾知道。4 我与他们坚定所立的约,要把他们寄居的迦南地赐给他们。5 我也听见以色列人被埃及人苦待的哀声,我也记念我的约。6 所以你要对以色列人说,我是耶和华。我要用伸出来的膀臂重重地刑罚埃及人,救赎你们脱离他们的重担,不作他们的苦工。7 我要以你们为我的百姓,我也要作你们的神,你们要知道我是耶和华你们的神,是救你们脱离埃及人之重担的。8 我起誓应许给亚伯拉罕、以撒、雅各的那地,我要把你们领进去,将那地赐给你们为业。我是耶和华。" 9 摩西将这话告诉以色列人,只是他们因苦工愁烦,不肯听他的话。

10 耶和华晓谕摩西说:11"你进去对埃及王法老说,要容以色列人出他的地。"12 摩西在耶和华面前说:"以色列人尚且不听我的话,法老怎肯听我这拙口笨舌的人呢?" 13 耶和华吩咐摩西、亚伦往以色列人和埃及王法老那里去,把以色列人从埃及地领出来。

民放了。"

摩西吓了一大跳,"拜托,开什么玩笑,法老凭什么听我的呀?"

上帝说:"放心,有我与你同在。"

摩西哭笑不得,"有你?我连你叫啥都不知道,人要问我,我该怎么说呢!"

上帝倒是不以为忤,耐心地跟摩西说:"我是自有永有的。但这么讲呢,哲学性太强,有点抽象,跟你说半天你也未必听得懂想得通。倒不如这样,你不是觉得让你带以色列民出埃及这事是难于上青天吗?那我就让这事成了。你有了经历,不就容易相信了吗?"

由此可见之五:人常说眼见为实,耳听为虚,这话听上去挺客观的,实际上是再主观不过。眼见耳听只是自己或别人的主观经历,并不影响或改变事物的客观存在。所有的东西你都只能见了才相信,那你爷爷的爷爷一定骂你背祖忘宗。况且有些东西,就算你见了听了,你不信的话,也还是不信。不过主观经历会帮助你加深对事物的认知,尝过了甜头,就喜欢糖了。

> 眼见耳听只是自己或别人的主观经历,
> 并不影响或改变事物的客观存在。

第7章（1–13节）

1耶和华对摩西说："我使你在法老面前代替神，你的哥哥亚伦是替你说话的。2凡我所吩咐你的，你都要说。你的哥哥亚伦要对法老说：容以色列人出他的地。3我要使法老的心刚硬，也要在埃及地多行神迹奇事。4但法老必不听你们，我要伸手重重地刑罚埃及，将我的军队以色列民从埃及地领出来。5我伸手攻击埃及，将以色列人从他们中间领出来的时候，埃及人就要知道我是耶和华。"6摩西、亚伦这样行，耶和华怎样吩咐他们，他们就照样行了。7摩西、亚伦与法老说话的时候，摩西八十岁，亚伦八十三岁。

8耶和华晓谕摩西、亚伦说：9"法老若对你们说：'你们行件奇事吧！'你就吩咐亚伦说：'把杖丢在法老面前，使杖变作蛇。'"10摩西、亚伦进去见法老，就照耶和华所吩咐的行。亚伦把杖丢在法老和臣仆面前，杖就变作蛇。11于是，法老召了博士和术士来，他们是埃及行法术的，也用邪术照样而行。12他们各人丢下自己的杖，杖就变作蛇，但亚伦的杖吞了他们的杖。13法老心里刚硬，不肯听从摩西、亚伦，正如耶和华所说的。

（作者注：因法老心里刚硬，神透过摩西向埃及先后降下九个严重灾祸，用以警示法老。这九个灾祸分别是：鱼死河臭、青蛙泛滥、虱子猖獗、苍蝇成群、牲畜遭瘟、人畜生疮、雷轰冰雹、蝗虫满天和长达三天的天昏地暗。法老却反反复复，始终不肯接受教训，最终导致神降下最为严重的第十灾。）

第11章

1耶和华对摩西说："我再使一样的灾殃临到法老和埃及，然后他必容你们离开这地。他容你们去的时候，总要催逼你们都从这地出去。2你要传于百姓的耳中，

六、用武之地无英雄

上帝这么讲了，摩西也不太好意思再辩。咱看见了火烧荆棘的怪事，也听见上帝向我说话，再不答应就显得不够意思了。但答应吧，这任务也实在够疯狂。于是就说："我倒好说，可他们不信呀？他们也不会听我的话，他们不信，这事不也办不成吗？"

上帝说："这你别担心，我早为你预备好了这个权杖，它会让人看见你是带着我的授权去的。你就大胆地往前走吧！"

摩西的借口被堵死了，嘴里还是嘟囔："还是不行，我这人不爱说话，也不会说话，不太适合当领导。"

上帝有点儿生气了："你有完没完？！又不是让你当推销员、做主持人，靠嘴皮子吃饭。我让你当领导，看中的就是你的诚实正直，忠诚谦卑；心地善良，意志坚定；不是让你只会做报告、吹政绩。但你既然这么说了，我也考虑到当领导的免不了要在公众面前演讲，所以给你安排个靠得住的发言人，也就是你亲哥，这总行了吧？不过，你自己也要加强学习。像临终遗言之类的，总得自个儿说吧。"

话说到这个份儿上，事儿到这一地步，摩西也就答应下来。下山的时候，心中仍是有些忐忑，但不知为何却多了一种说不出的豪气。

由此可见之六：很多时候我们寻求突破，但当机会来临时，

叫他们男女各人向邻舍要金器银器。"3耶和华叫百姓在埃及人眼前蒙恩,并且摩西在埃及地法老臣仆和百姓的眼中,看为极大。

4摩西说:"耶和华这样说:'约到半夜,我必出去巡行埃及遍地,5凡在埃及地,从坐宝座的法老,直到磨子后的婢女,所有的长子,以及一切头生的牲畜,都必死。6埃及遍地必有大哀号,从前没有这样的,后来也必没有。7至于以色列中,无论是人是牲畜,连狗也不敢向他们摇舌,好叫你们知道耶和华是将埃及人和以色列人分别出来。'8你这一切臣仆都要俯伏来见我,说:'求你和跟从你的百姓都出去',然后我要出去。"于是,摩西气忿忿地离开法老出去了。9耶和华对摩西说:"法老必不听你们,使我的奇事在埃及地多起来。"

10摩西、亚伦在法老面前行了这一切奇事,耶和华使法老的心刚硬,不容以色列人出离他的地。

第12章

1耶和华在埃及地晓谕摩西、亚伦说:2"你们要以本月为正月,为一年之首。3你们吩咐以色列全会众说:本月初十日,各人要按着父家取羊羔,一家一只。4若是一家的人太少,吃不了一只羊羔,本人就要和他隔壁的邻舍共取一只。你们预备羊羔,要按着人数和饭量计算。5要无残疾、一岁的公羊羔,你们或从绵羊里取,或从山羊里取,都可以。6要留到本月十四日,在黄昏的时候,以色列全会众把羊羔宰了。7各家要取点血,涂在吃羊羔的房屋左右的门框上和门楣上。8当夜要吃羊羔的肉,用火烤了,与无酵饼和苦菜同吃。9不可吃生的,断不可吃水煮的,要带着头、腿、五脏,用火烤了吃。10不可剩下一点留到早晨,若留到早晨,要用火烧了。11你们吃羊羔当腰间束带,脚上穿鞋,手中拿杖,赶紧地吃,

我们却往往会因为对未知的恐惧而犹豫不决，乃至退缩，然后再感叹老天不公平，机会不均等。岂不知大多时候，不是生不逢时，而是时不待我；不是英雄无用武之地，而是用武之地无英雄。

七、使命的传递

摩西带着上帝交付的伟大使命和权柄下山回家，向老岳父请安，说想回家看看兄弟，是死是活这么多年也没个音讯。那感觉就跟当初撤到台湾的老兵一样，虽然离得没多远，可就是几十年回不了家乡。老岳父心想，谁让咱把女儿嫁给了个外省人呢。虽然这一去是福是祸无人能知，但这女婿也老大不小了，就只有祝他平安顺利了。混不下去就回来，咱家的大门永远向你敞开。

另一方面，上帝也通知大摩西三岁的哥哥亚伦，叫他去迎接，二人相见，抱头痛哭。摩西即席借用古诗一首：

少小离家老大回，乡音未改鬓毛衰。

兄弟相见不相识，悲喜交加庆回归。

然后摩西把此行的任务向亚伦讲明。亚伦兴奋不已："咱兄弟这回回来可要当大官儿了！"

这是耶和华的逾越节。12 因为那夜我要巡行埃及地，把埃及地一切头生的，无论是人是牲畜，都击杀了，又要败坏埃及一切的神。我是耶和华。13 这血要在你们所住的房屋上作记号，我一见这血，就越过你们去，我击杀埃及地头生的时候，灾殃必不临到你们身上灭你们。

14 你们要记念这日，守为耶和华的节，作为你们世世代代永远的定例。15 "你们要吃无酵饼七日。头一日要把酵从你们各家中除去，因为从头一日起，到第七日为止，凡吃有酵之饼的，必从以色列中剪除。16 头一日你们当有圣会，第七日也当有圣会，这两日之内，除了预备各人所要吃的以外，无论何工都不可作。17 你们要守无酵节，因为我正当这日把你们的军队从埃及地领出来；所以你们要守这日，作为世世代代永远的定例。18 从正月十四日晚上，直到二十一日晚上，你们要吃无酵饼。19 在你们各家中，七日之内不可有酵，因为凡吃有酵之物的，无论是寄居的，是本地的，必从以色列的会中剪除。20 有酵的物，你们都不可吃，在你们一切住处要吃无酵饼。"

21 于是，摩西召了以色列的众长老来，对他们说："你们要按着家口取出羊羔，把这逾越节的羊羔宰了。22 拿一把牛膝草，蘸盆里的血，打在门楣上和左右的门框上。你们谁也不可出自己的房门，直到早晨。23 因为耶和华要巡行击杀埃及人，他看见血在门楣上和左右的门框上，就必越过那门，不容灭命的进你们的房屋，击杀你们。24 这例你们要守着，作为你们和你们子孙永远的定例。25 日后，你们到了耶和华按着所应许赐给你们的那地，就要守这礼。26 你们的儿女问你们说：'行这礼是什么意思？'27 你们就说：'这是献给耶和华逾越节的祭。当以色列人在埃及的时候，他击杀埃及人，越过以色列人的房屋，救了我们各家。'"于是，百姓低头下拜。28 耶和华怎样吩咐摩西、亚伦，以色列人就怎样行。

29 到了半夜，耶和华把埃及地所有的长子，就是从

The Story of Moses
摩西故事

"喂，摩西，神给你手杖可不是用来变魔术的！"

摩西连忙说："这官儿可不好当，责任重大啊。"

亚伦说："兄弟呀，没问题！哥哥我这就给你操办去。"

于是亚伦通知各大媒体，邀请以色列的各位族长前辈，召开了一个大型新闻发布会。在会上，新闻发言人亚伦就这次摩西回乡的使命作了详细说明。摩西回答了部分记者的提问，并就大家最关心的是否有上帝合法授权问题进行了现场演示。总之，这次新闻发布会开得非常成功，成了一场誓师动员大会，最后大会在"宁可选择流浪，不要再受奴役！"的口号声中闭幕。

由此可见之七：一个成功的领袖人物，要懂得使命和目标传递的重要。要让参与的每一个人都知道整个团体的奋斗方向，才能够启发他的参与感和使命感，产生凝聚力。适当使用文宣，

坐宝座的法老，直到被掳囚在监里之人的长子，以及一切头生的牲畜，尽都杀了。30 法老和一切臣仆，并埃及众人，夜间都起来了。在埃及有大哀号，无一家不死一个人的。31 夜间法老召了摩西、亚伦来，说："起来！连你们带以色列人，从我民中出去，依你们所说的，去侍奉耶和华吧！32 也依你们所说的，连羊群牛群带着走吧！并要为我祝福。"33 埃及人催促百姓，打发他们快快出离那地，因为埃及人说："我们都要死了。"34 百姓就拿着没有酵的生面，把抟面盆包在衣服中，扛在肩头上。35 以色列人照着摩西的话行，向埃及人要金器银器和衣裳。36 耶和华叫百姓在埃及人眼前蒙恩，以致埃及人给他们所要的，他们就把埃及人的财物夺去了。

37 以色列人从兰塞起行，往疏割去，除了妇人孩子，步行的男人约有六十万。38 又有许多闲杂人，并有羊群牛群，和他们一同上去。39 他们用埃及带出来的生面烤成无酵饼，这生面原没有发起，因为他们被催逼离开埃及不能耽延，也没有为自己预备什么食物。

40 以色列人住在埃及共有四百三十年。41 正满了四百三十年的那一天，耶和华的军队都从埃及地出来了。42 这夜是耶和华的夜，因耶和华领他们出了埃及地，所以当向耶和华谨守，是以色列众人世世代代该谨守的。

43 耶和华对摩西、亚伦说："逾越节的例是这样：外邦人都不可吃这羊羔。44 但各人用银子买的奴仆，既受了割礼，就可以吃。45 寄居的和雇工人都不可吃。46 应当在一个房子里吃，不可把一点肉从房子里带到外头去。羊羔的骨头一根也不可折断。47 以色列全会众都要守这礼。48 若有外人寄居在你们中间，愿向耶和华守逾越节，他所有的男子务要受割礼，然后才容他前来遵守，他也就像本地人一样；但未受割礼的，都不可吃这羊羔。49 本地人和寄居在你们中间的外人同归一例。"

50 耶和华怎样吩咐摩西、亚伦，以色列众人就怎样行了。51 正当那日，耶和华将以色列人按着他们的军队，从埃及地领出来。

制定几个响亮的口号也是很可取的。

八、激情与恒心

大会开得很成功，摩西也挺开心，于是兴冲冲地带着亚伦去见法老："我们的上帝说了，让你放我们以色列百姓走。"

法老一听："你们的上帝算老几？俺不认识！让朕放人？休想！"

"你不放人，上帝就会惩罚你的。"

"少来这一套，我法老也不是吓大的。你们不要在这儿破坏生产，影响劳动人民积极性。你看看，你们一来就懂得开会，谁来干活呢？人们都学懒了！"

于是法老找来以色列人的官长和项目经理，下达了更重的任务指标，甚至扣发原材料，但工期和质量要求不变。这一下，以色列人可更苦了。包工头两头受气，正巧碰见摩西亚伦，于是说："都是你们干的好事！让法老说我们是懒惰的民族，给我们更多的苦头吃！"

摩西让人奚落了半天，刚还有点昂扬斗志，一下子又被打击，心中好生懊恼，就向上帝埋怨说："你看你看，我说不来，你非让我来。来了吧，你又不帮我。你不帮我也就到罢了，反

第13章

1 耶和华晓谕摩西说:2"以色列中凡头生的,无论是人是牲畜,都是我的,要分别为圣归我。"

3 摩西对百姓说:"你们要记念从埃及为奴之家出来的这日,因为耶和华用大能的手将你们从这地方领出来,有酵的饼都不可吃。4 亚笔月间的这日是你们出来的日子。5 将来耶和华领你进迦南人、赫人、亚摩利人、希未人、耶布斯人之地,就是他向你的祖宗起誓应许给你那流奶与蜜之地,那时你要在这月间守这礼。6 你要吃无酵饼七日,到第七日要向耶和华守节。7 这七日之久,要吃无酵饼,在你四境之内不可见有酵的饼,也不可见发酵的物。8 当那日,你要告诉你的儿子说:'这是因耶和华在我出埃及的时候为我所行的事。'9 这要在你手上作记号,在你额上作记念,使耶和华的律法常在你口中,因为耶和华曾用大能的手将你从埃及领出来。10 所以你每年要按着日期守这例。"

11"将来,耶和华照他向你和你祖宗所起的誓,将你领进迦南人之地,把这地赐给你。12 那时你要将一切头生的,并牲畜中头生的,归给耶和华;公的都要属耶和华。13 凡头生的驴,你要用羊羔代赎;若不代赎,就要打折它的颈项。凡你儿子中头生的都要赎出来。14 日后,你的儿子问你说:'这是什么意思?'你就说:'耶和华用大能的手将我们从埃及为奴之家领出来。15 那时法老几乎不容我们去,耶和华就把埃及地所有头生的,无论是人是牲畜,都杀了,因此我把一切头生的公牲畜献给耶和华为祭,但将头生的儿子都赎出来。16 这要在你手上作记号,在你额上作经文,因为耶和华用大能的手将我们从埃及领出来。'"

17 法老容百姓去的时候,非利士地的道路虽近,神却不领他们从那里走,因为神说:"恐怕百姓遇见打仗后悔,就回埃及去。"18 所以神领百姓绕道而行,走红海旷野的路。以色列人出埃及地,都带着兵器上去。19 摩西把

倒让法老变本加厉了，这算啥事儿呀？"

上帝说："你这么说就可见你对我的认识不深，了解不够。你们尚且说什么大丈夫一言驷马难追，而我的承诺是决不会落空的。很多时候，不是我不做，而是你不信。所以，你再去跟法老讲。"

"唉，您就别逗我了，连以色列人都不听我的话，那法老是更不会听我这拙口笨舌的人。"

"别跟我啰嗦，我看你挺会跟我抬杠，还说不会说话。我让你去代表我，你哥来替你说话，你们再去跟法老交涉，我也知道他不会听，这回我重重罚他，让他看看后果有多严重。"

由此可见之八：对美好未来的憧憬所带来的激情总会过去，事还是要踏踏实实地去办，挫折和打击也是免不了的。所以，成功因激情点燃，靠恒心烧旺。事业如此，爱情也如此。

九、必需的功课

于是摩西又去，法老不听，灾祸惩罚就来了，而且一来二去，反复了十次。终于最后一次，大灾降临，埃及人吓坏了，赶快催促以色列人，您想去哪儿就去哪儿，要啥就给啥，赶快走吧。

约瑟的骸骨一同带去,因为约瑟曾叫以色列人严严地起誓,对他们说:"神必眷顾你们,你们要把我的骸骨从这里一同带上去。"20 他们从疏割起行,在旷野边的以倘安营。21 日间,耶和华在云柱中领他们的路;夜间,在火柱中光照他们,使他们日夜都可以行走。22 日间云柱,夜间火柱,总不离开百姓的面前。

第14章

1 耶和华晓谕摩西说:2 "你吩咐以色列人转回,安营在比哈希录前、密夺和海的中间,对着巴力洗分靠近海边安营。3 法老必说:'以色列人在地中绕迷了,旷野把他们困住了。'4 我要使法老的心刚硬,他要追赶他们,我便在法老和他全军身上得荣耀,埃及人就知道我是耶和华。"于是,以色列人这样行了。

5 有人告诉埃及王说:"百姓逃跑了!"法老和他的臣仆就向百姓变心,说:"我们容以色列人去不再服侍我们,这作的是什么事呢?"6 法老就预备他的车辆,带领军兵同去,7 并带着六百辆特选的车和埃及所有的车,每辆都有车兵长。8 耶和华使埃及王法老的心刚硬,他就追赶以色列人,因为以色列人是昂然无惧地出埃及。9 埃及人追赶他们,法老一切的马匹、车辆、马兵与军兵,就在海边上靠近比哈希录对着巴力洗分,在他们安营的地方追上了。

10 法老临近的时候,以色列人举目看见埃及人赶来,就甚惧怕,向耶和华哀求。11 他们对摩西说:"难道在埃及没有坟地,你把我们带来死在旷野吗?你为什么这样待我们,将我们从埃及领出来呢?12 我们在埃及岂没有对你说过,不要搅扰我们,容我们服侍埃及人吗?因为服侍埃及人比死在旷野还好。"13 摩西对百姓说:"不要惧怕,只管站住!看耶和华今天向你们所要施行的救

The Story of Moses
93　摩西故事

可以色列人住在埃及已经有四百三十年了，都不知是第几代的移民了，要想让他们离开埃及，也不是件容易的事。若不是这次亲眼看见了上帝的大能，哪儿能轻易就跟着摩西出发。摩西也借着这宝贵机会，制订一些条例制度，以便管理，而各条例的重点就是不断地提醒百姓不要忘记上帝的心意和作为。

摩西一行浩浩荡荡，男女老少七八十万人，走到红海边。

而此时法老又后悔了：无由来少了几十万奴隶，而且个个都是能工巧匠，他们走了，我这金字塔找谁盖去呀？给我追！！！

"摩西，我去埃及推销保险都一无所获，而你竟然要去推销什么十灾？祝你好运！"

法老的部队可是机械化野战部队，眼瞅着黑压压一片就上来了，以色列百姓看见这阵势，吓坏了：完了，前有红海，后

恩。因为你们今天所看见的埃及人，必永远不再看见了。14 耶和华必为你们争战，你们只管静默，不要作声。"

15 耶和华对摩西说："你为什么向我哀求呢？你吩咐以色列人往前走。16 你举手向海伸杖，把水分开，以色列人要下海中走干地。17 我要使埃及人的心刚硬，他们就跟着下去，我要在法老和他的全军、车辆、马兵上得荣耀。18 我在法老和他的车辆、马兵上得荣耀的时候，埃及人就知道我是耶和华了。"

19 在以色列营前行走神的使者，转到他们后边去；云柱也从他们前边转到他们后边立住。20 在埃及营和以色列营中间有云柱，一边黑暗，一边发光，终夜两下不得相近。

21 摩西向海伸杖，耶和华便用大东风，使海水一夜退去，水便分开，海就成了干地。22 以色列人下海中走干地，水在他们的左右作了墙垣。23 埃及人追赶他们，法老一切的马匹、车辆和马兵都跟着下到海中。24 到了晨更的时候，耶和华从云、火柱中向埃及的军兵观看，使埃及的军兵混乱了；25 又使他们的车轮脱落，难以行走，以致埃及人说："我们从以色列人面前逃跑吧！因耶和华为他们攻击我们了。"

26 耶和华对摩西说："你向海伸杖，叫水仍合在埃及人并他们的车辆、马兵身上。"27 摩西就向海伸杖，到了天一亮，海水仍旧复原。埃及人避水逃跑的时候，耶和华把他们推翻在海中，28 水就回流，淹没了车辆和马兵，那些跟着以色列人下海法老的全军，连一个也没有剩下。29 以色列人却在海中走干地，水在他们的左右作了墙垣。

30 当日，耶和华这样拯救以色列人脱离埃及人的手，以色列人看见埃及人的死尸都在海边了。31 以色列人看见耶和华向埃及人所行的大事，就敬畏耶和华，又信服他和他的仆人摩西。

有追兵，这回死定了！真是的，我们来这旷野干什么？嫌埃及没坟地吗？做亡国奴怎么了，总比死了强吧？

摩西听了，心中无比悲愤，可谓哀其不幸，怒其不争。但大敌当前，不是理论的时候，更不适合多批评，只能多鼓励。于是，摩西站了出来，没用亚伦代劳，而是自己做了个即席演讲："不要惧怕！只管站住。看上帝今天怎样搭救我们！因为今天你们看见的埃及人，以后你想看也见不着了。上帝一定会为我们而战。你们放心好了，只管静默，不要作声。"讲完之后，众人平静下来。

亚伦偷偷问摩西："真的吗？上帝会怎么做呢？"

摩西说："我也不知道。是死是活，就完全交给上帝了，听天由命吧。"

由此可见之九：很多时候，我们会看到有些人的观点或所作的事错误得再明显不过，而且是屡教不改，拦都拦不住。那么，干脆就不拦，让他自己去经历吧。有些错误是必需的功课，有些代价是必须付的。

第15章

1 那时,摩西和以色列人向耶和华唱歌说:"我要向耶和华歌唱,因他大大战胜,将马和骑马的投在海中。2 耶和华是我的力量、我的诗歌,也成了我的拯救。这是我的神,我要赞美他;是我父亲的神,我要尊崇他。3 耶和华是战士,他的名是耶和华。4 法老的车辆、军兵,耶和华已抛在海中,他特选的军长都沉于红海。5 深水淹没他们,他们如同石头坠到深处。6 耶和华啊,你的右手施展能力,显出荣耀。耶和华啊,你的右手摔碎仇敌。7 你大发威严,推翻那些起来攻击你的;你发出烈怒如火,烧灭他们像烧碎秸一样。8 你发鼻中的气,水便聚起成堆,大水直立如垒,海中的深水凝结。9 仇敌说:'我要追赶,我要追上,我要分掳物,我要在他们身上称我的心愿,我要拔出刀来,亲手杀灭他们。'10 你叫风一吹,海就把他们淹没,他们如铅沉在大水之中。11 耶和华啊,众神之中谁能像你?谁能像你至圣至荣,可颂可畏,施行奇事?12 你伸出右手,地便吞灭他们。13 你凭慈爱领了你所赎的百姓;你凭能力引他们到了你的圣所。14 外邦人听见就发颤,疼痛抓住非利士的居民。15 那时,以东的族长惊惶,摩押的英雄被战兢抓住,迦南的居民心都消化了。16 惊骇恐惧临到他们。耶和华啊,因你膀臂的大能,他们如石头寂然不动,等候你的百姓过去,等候你所赎的百姓过去。17 你要将他们领进去,栽于你产业的山上。耶和华啊,就是你为自己所造的住处;主啊,就是你手所建立的圣所。18 耶和华必作王,直到永永远远!"

19 法老的马匹、车辆,和马兵下到海中,耶和华使海水回流淹没他们,惟有以色列人在海中走干地。20 亚伦的姐姐女先知米利暗,手里拿着鼓,众妇女也跟她出去拿鼓跳舞。21 米利暗应声说:"你们要歌颂耶和华,因他大大战胜,将马和骑马的投在海中。"

22 摩西领以色列人从红海往前行,到了书珥的旷

十、信，需要建立

如果看过好莱坞动画大片《埃及王子》的话，你一定会记得以色列人过红海的壮观画面。在前有追兵、后无退路的生死存亡之际，摩西并没有振臂一呼，来个破釜沉舟，背水一战。因为就战争而言，信心和勇气固然极为重要，但实力才是关键。而在一般情况下，信心和勇气也是建立在实力基础上的。以当时情况看，摩西所带领的是一群毫无战斗力，又丧失了斗志的老百姓（其实这也是摩西一再拒绝上帝托付的主要原因）。而法老所率的却是杀气腾腾、武装到牙齿的现代化部队。仗不用打，胜负其实早已定了，作为一个明智的领导人，无须让自己的队伍做任何无谓的牺牲。

摩西开红海之惊奇发现

野,在旷野走了三天,找不着水。23 到了玛拉,不能喝那里的水,因为水苦,所以那地名叫玛拉。24 百姓就向摩西发怨言,说:"我们喝什么呢?"25 摩西呼求耶和华,耶和华指示他一棵树,他把树丢在水里,水就变甜了。

耶和华在那里为他们定了律例、典章,在那里试验他们。26 又说:"你若留意听耶和华你神的话,又行我眼中看为正的事,留心听我的诫命,守我一切的律例,我就不将所加与埃及人的疾病加在你身上,因为我耶和华是医治你的。"

27 他们到了以琳,在那里有十二股水泉,七十棵棕树,他们就在那里的水边安营。

第16章

1 以色列全会众从以琳起行,在出埃及后第二个月十五日,到了以琳和西奈中间、汛的旷野。2 以色列全会众在旷野向摩西、亚伦发怨言,3 说:"巴不得我们早死在埃及地耶和华的手下,那时我们坐在肉锅旁边,吃得饱足;你们将我们领出来,到这旷野,是要叫这全会众都饿死啊!"

4 耶和华对摩西说:"我要将粮食从天降给你们。百姓可以出去,每天收每天的份,我好试验他们遵不遵我的法度。5 到第六天他们要把所收进来的预备好了,比每天所收的多一倍。"6 摩西、亚伦对以色列众人说:"到了晚上,你们要知道是耶和华将你们从埃及地领出来的。7 早晨,你们要看见耶和华的荣耀,因为耶和华听见你们向他所发的怨言了。我们算什么,你们竟向我们发怨言呢?"8 摩西又说:"耶和华晚上必给你们肉吃,早晨必给你们食物得饱,因为你们向耶和华发的怨言,他都听见了。我们算什么?你们的怨言不是向我们发的,乃是向耶和华发的。"

但是，有一件事摩西很清楚：天无绝人之路。上帝该出手时肯定会出手。过去对他的老祖宗们如此，对自己也是如此。

于是，他把上帝给他的象征着权柄的杖，伸进红海。于是，奇迹出现了，刹那间红海为之而开。其实摩西并无特异功能，但他有常人所没有的信心和勇气。他的信心和勇气是建立在对上帝的了解和经历上的。

由此可见之十：信心不是盲目，而是对要发生的事有把握，有证据；反过来说，要想让别人对你有信心，你得让人对你的人品有了解，而且你也要透过自己的行为来证明。想让父母相信你长大了，让你爱的人相信你的忠诚，企望老板知道你能干等等，你都得证明出来。信，需要建立。不能抱怨人家不信任你，连上帝都还迁就人，一点一滴向人证明自己，何况你我呢？

十一、学，需要致用

以色列人以不可思议的方式过了红海之后，无比兴奋快乐，对上帝对摩西都是心服口服，对未来更是充满希望。但前途是光明的，道路是曲折的。以色列人爬荒山过草地，在旷野时，有时三天找不着水，好不容易找到一些，可水太苦，有点像过

9 摩西对亚伦说:"你告诉以色列全会众说:'你们就近耶和华面前,因为他已经听见你们的怨言了。'"10 亚伦正对以色列全会众说话的时候,他们向旷野观看,不料,耶和华的荣光在云中显现。11 耶和华晓谕摩西说:12 "我已经听见以色列人的怨言,你告诉他们说:'到黄昏的时候,你们要吃肉,早晨必有食物得饱,你们就知道我是耶和华你们的神。'"

13 到了晚上,有鹌鹑飞来,遮满了营。早晨,在营四围的地上有露水。14 露水上升之后,不料,野地面上有如白霜的小圆物。15 以色列人看见,不知道是什么,就彼此对问说:"这是什么呢?"摩西对他们说:"这就是耶和华所给你们吃的食物。16 耶和华所吩咐的是这样:你们要按着各人的饭量,为帐棚里的人按着人数收起来,各拿一俄梅珥。"17 以色列人就这样行,有多收的,有少收的。18 及至用俄梅珥量一量,多收的也没有余,少收的也没有缺,各人按着自己的饭量收取。19 摩西对他们说:"所收的,不许什么人留到早晨。"20 然而他们不听摩西的话,内中有留到早晨的,就生虫变臭了;摩西便向他们发怒。21 他们每日早晨,按着各人的饭量收取,日头一发热,就消化了。

22 到第六天,他们收了双倍的食物,每人两俄梅珥。会众的官长来告诉摩西,23 摩西对他们说:"耶和华这样说:'明天是圣安息日,是向耶和华守的圣安息日,你们要烤的就烤了,要煮的就煮了,所剩下的都留到早晨。'"24 他们就照摩西的吩咐留到早晨,也不臭,里头也没有虫子。25 摩西说:"你们今天吃这个吧!因为今天是向耶和华守的安息日,你们在田野必找不着了。26 六天可以收取,第七天乃是安息日,那一天必没有了。"27 第七天百姓中有人出去收,什么也找不着。28 耶和华对摩西说:"你们不肯守我的诫命和律法,要到几时呢?29 你们看!耶和华既将安息日赐给你们,所以第六天他赐给你们两天的食物,第七天各人要住在自己

期的可口可乐。老百姓就又急了，开始向领导抱怨。摩西虽然不爱听，但心里明白，这水是民生大事，咱得管。可这自然资源也不是咱想管就管得了的，所以呢，上帝既然都能把红海分开，这点事更是小儿科，就赶快祷告。

上帝一听，乐了：这么多人，还是摩西有悟性。于是他向摩西指示了一块木头。摩西把木头浸在水里，水就变得甘甜可口，有股甘蔗汁的味道，是纯天然无化合物的绿色饮品。上帝看了开心，就又借机教导他们如何预防疾病，保持身心健康。总的原则大意是：要听话，尊重自然规律和道德伦理；别干坏事，亏心事。养生之道，其实就这么简单。

由此可见之十一：学习最大的意义不在于掌握和拥有知识和经验，而在于能够把所学到的应用在实际生活当中，特别是一些宝贵的人生功课。一个人在一个地方摔倒一次是环境险恶，摔倒两次是经验不足；摔倒三次以上，可能就属于智商范畴的问题了。我不是骂人，可实际上很多时候，你我就是这么白痴。

十二、忘记背后

光喝饮料不行，哪怕喝的是天然果汁。最解渴的还是水。

的地方，不许什么人出去。"30 于是，百姓第七天安息了。

31 这食物，以色列家叫吗哪，样子像芫荽子，颜色是白的，滋味如同搀蜜的薄饼。32 摩西说："耶和华所吩咐的是这样：要将一满俄梅珥吗哪留到世世代代，使后人可以看见我当日将你们领出埃及地，在旷野所给你们吃的食物。"33 摩西对亚伦说："你拿一个罐子，盛一满俄梅珥吗哪，存在耶和华面前，要留到世世代代。"34 耶和华怎么吩咐摩西，亚伦就怎么行，把吗哪放在法柜前存留。35 以色列人吃吗哪共四十年，直到进了有人居住之地，就是迦南的境界。36（俄梅珥乃伊法十分之一。）

第17章（1-7节）

1 以色列全会众都遵耶和华的吩咐，按着站口从汛的旷野往前行，在利非订安营。百姓没有水喝，2 所以与摩西争闹，说："给我们水喝吧！"摩西对他们说："你们为什么与我争闹，为什么试探耶和华呢？"3 百姓在那里甚渴，要喝水，就向摩西发怨言，说："你为什么将我们从埃及领出来，使我们和我们的儿女并牲畜都渴死呢？"4 摩西就呼求耶和华说："我向这百姓怎样行呢？他们几乎要拿石头打死我。"5 耶和华对摩西说："你手里拿着你先前击打河水的杖，带领以色列的几个长老，从百姓面前走过去。6 我必在何烈的磐石那里站在你面前，你要击打磐石，从磐石里必有水流出来，使百姓可以喝。"摩西就在以色列的长老眼前这样行了。7 他给那地方起名叫玛撒（就是"试探"的意思），又叫米利巴（就是"争闹"的意思），因以色列人争闹，又因他们试探耶和华说："耶和华是在我们中间不是？"

很快以色列人来到一个富产矿泉水的地方，着实地享受了一番，然后继续出发。

一不留神，不知怎么搞的，又来到了一处旷野。这回遇到的问题更糟：没饭吃了！于是大家就又开始忆甜思苦了。甚至说什么"当初在埃及的时候，每天大块吃肉、大碗喝酒有多好呀"，"我们这是何苦来哉，荒郊野地、没吃没喝的，跟你摩西来受这洋罪"。

亚伦一听，骂道："呸！还大块吃肉、大碗喝酒，说这话也不脸红！你在埃及什么时候吃过肉？吃骨头还是人家埃及人养的狗嘴里剩下的呢。"

人们自知理亏，只好耍赖说："那也不能让咱们饿死呀！"

亚伦心想这话说得也是，就去找摩西。

摩西说："这事我琢磨着跟上次闹水荒的事一样，但看来大家伙儿还是没明白其中道理，所以估计上帝还会插手。"

亚伦说："你说，上帝会不会嫌咱们烦呀？一而再、再而三的，老是不相信他老人家？"

摩西笑了笑，说："我的老哥呀，你去跟众百姓说，上帝已经知道了。"

由此可见之十二：人对现状不满而寻求更好的未来，所要作的第一件事就是学习建立一个能够"放下过去"的心态。不可以老是沉浸在回忆之中。别忘了，人的回忆是有选择性的。老拿过去的好与现在的不如意相比较，除了一无所获之外，更

第18章

1 摩西的岳父米甸祭司叶忒罗,听见神为摩西和神的百姓以色列所行的一切事,就是耶和华将以色列从埃及领出来的事,2 便带着摩西的妻子西坡拉,就是摩西从前打发回去的;3 又带着西坡拉的两个儿子,一个名叫革舜,因为摩西说:"我在外邦作了寄居的",4 一个名叫以利以谢,因为他说:"我父的神帮助了我,救我脱离法老的刀。"5 摩西的岳父叶忒罗,带着摩西的妻子和两个儿子来到神的山,就是摩西在旷野安营的地方。6 他对摩西说:"我是你岳父叶忒罗,带着你的妻子和两个儿子来到你这里。"7 摩西迎接他的岳父,向他下拜,与他亲嘴,彼此问安,都进了帐棚。8 摩西将耶和华为以色列的缘故向法老和埃及人所行的一切事,以及路上所遭遇的一切艰难,并耶和华怎样搭救他们,都述说与他岳父听。9 叶忒罗因耶和华待以色列的一切好处,就是拯救他们脱离埃及人的手,便甚欢喜。

10 叶忒罗说:"耶和华是应当称颂的,他救了你们脱离埃及人和法老的手,将这百姓从埃及人的手下救出来。11 我现今在埃及人向这百姓发狂傲的事上,得知耶和华比万神都大。"12 摩西的岳父叶忒罗把燔祭和平安祭献给神。亚伦和以色列的众长老都来了,与摩西的岳父在神面前吃饭。

13 第二天,摩西坐着审判百姓,百姓从早到晚都站在摩西的左右。14 摩西的岳父看见他向百姓所作的一切事,就说:"你向百姓作的是什么事呢?你为什么独自坐着,众百姓从早到晚都站在你的左右呢?"15 摩西对岳父说:"这是因百姓到我这里来求问神。16 他们有事的时候就到我这里来,我便在两造之间施行审判,我又叫他们知道神的律例和法度。"17 摩西的岳父说:"你这作的不好。18 你和这些百姓必都疲惫,因为这事太重,你独自一人办理不了。19 现在你要听我的话,我为你出个主意,愿神与你同在。你要替百姓到神面前,将案件

平添许多烦恼。移民到异乡如此，找工作如此，交男女朋友也是如此。

十三、沟通 = 倾听 + 分享

以色列人嫌没肉吃，上帝就赶来一大群鹌鹑，乐得他们煎炒烹炸，吃了个不亦乐乎。光吃肉不健康，上帝又给以色列人专门开发了一种纯天然甜饼——"吗哪"。不过，这种甜饼好吃但是不好保存。于是上帝天天供应，保证新鲜。温饱得到解决，社会相对和谐，以色列人安生了好一阵子。

不过一旦困难出现时，人心就又开始动荡。起因还是缺水，所以水资源的开发和保护是非常重要的。这次民众反映甚大，甚至与摩西争闹起来。摩西劝大家稍安毋躁，要有信心。民众说我们缺的是水，没水就没信心。你一言我一语，越吵越火大，几乎打了起来。弄得摩西狼狈不堪，都有些失去了耐性。

当然啦，这段故事仍因上帝亲自干涉而以喜剧收场。摩西遵照上帝的吩咐，击打磐石出水！众人又一次大开眼界，对摩西的信任度也就越来越高。原来嫌摩西犹犹豫豫不爽快，现在看是谨慎认真负责任，从此以后任何争讼的事，哪怕芝麻大小，都要请摩西亲自评断。这样，摩西常常早晨作法官，中午去证

奏告神；20又要将律例和法度教训他们，指示他们当行的道、当作的事；21并要从百姓中拣选有才能的人，就是敬畏神、诚实无妄、恨不义之财的人，派他们作千夫长、百夫长、五十夫长、十夫长，管理百姓。22叫他们随时审判百姓，大事都要呈到你这里，小事他们自己可以审判。这样，你就轻省些，他们也可以同当此任。23你若这样行，神也这样吩咐你，你就能受得住，这百姓也都平平安安归回他们的住处。"

24于是，摩西听从他岳父的话，按着他所说的去行。25摩西从以色列人中拣选了有才能的人，立他们为百姓的首领，作千夫长、百夫长、五十夫长、十夫长。26他们随时审判百姓，有难断的案件就呈到摩西那里，但各样小事他们自己审判。

27此后，摩西让他的岳父去，他就往本地去了。

第19章

1以色列人出埃及地以后，满了三个月的那一天，就来到西奈的旷野。2他们离了利非订，来到西奈的旷野，就在那里的山下安营。3摩西到神那里，耶和华从山上呼唤他说："你要这样告诉雅各家，晓谕以色列人说：4'我向埃及人所行的事，你们都看见了；且看见我如鹰将你们背在翅膀上，带来归我。5如今你们若实在听从我的话，遵守我的约，就要在万民中作属我的子民；因为全地都是我的。6你们要归我作祭司的国度，为圣洁的国民。'这些话你要告诉以色列人。"

7摩西去召了民间的长老来，将耶和华所吩咐他的话，都在他们面前陈明。8百姓都同声回答说："凡耶和华所说的我们都要遵行。"摩西就将百姓的话回复耶和华。9耶和华对摩西说："我要在密云中临到你那里，叫百姓在我与你说话的时候可以听见，也可以永远信你了。"

婚，下午调解婆媳关系，晚上还要开策划会，忙得自己苦不堪言，心想：人都羡慕我身在高位，又有声望，把我当超人看，却不知我也一把年纪，这样下去用不了几年，恐怕我就鞠躬尽瘁、死而后已了。

"吗哪？我们还以为是下雪了呢。"

而摩西的老岳父呢，觉得这嫁出去的闺女泼出去的水，老在娘家住着也不是个事，长久下去影响夫妻关系；再者说女婿现在官做大了，投怀送抱的人多，万一出点什么婚外情就麻烦了。于是，摩西的岳父带着摩西的妻子和两个儿子，找摩西来了。

亲人见面分外高兴，摩西请了半天假，陪岳父聊天。摩西把他这一路来的种种遭遇详细述说，特别说到上帝怎样一再搭救他们。老岳父听了摩西这番话，放下心来：道德的核心是信仰，

于是摩西将百姓的话奏告耶和华。10 耶和华又对摩西说:"你往百姓那里去,叫他们今天明天自洁,又叫他们洗衣服。11 到第三天要预备好了,因为第三天耶和华要在众百姓眼前降临在西奈山上。12 你要在山的四围给百姓定界限,说:'你们当谨慎,不可上山去,也不可摸山的边界;凡摸这山的,必要治死他。13 不可用手摸他,必用石头打死,或用箭射透,无论是人是牲畜,都不得活。到角声拖长的时候,他们才可到山根来。'"14 摩西下山往百姓那里去,叫他们自洁,他们就洗衣服。15 他对百姓说:"到第三天要预备好了。不可亲近女人。"

16 到了第三天早晨,在山上有雷轰、闪电和密云,并且角声甚大,营中的百姓尽都发颤。17 摩西率领百姓出营迎接神,都站在山下。18 西奈全山冒烟,因为耶和华在火中降于山上,山的烟气上腾,如烧窑一般,遍山大大地震动。19 角声渐渐地高而又高,摩西就说话,神有声音答应他。20 耶和华降临在西奈山顶上,耶和华召摩西上山顶,摩西就上去。21 耶和华对摩西说:"你下去嘱咐百姓,不可闯过来到我面前观看,恐怕他们有多人死亡;22 又叫亲近我的祭司自洁,恐怕我忽然出来击杀他们。"23 摩西对耶和华说:"百姓不能上西奈山,因为你已经嘱咐我们说:'要在山的四围定界限,叫山成圣。'"24 耶和华对他说:"下去吧!你要和亚伦一同上来,只是祭司和百姓不可闯过来上到我面前,恐怕我忽然出来击杀他们。"25 于是摩西下到百姓那里告诉他们。

第20章(1—21节)

1 神吩咐这一切的话,说:2"我是耶和华你的神,曾将你从埃及地为奴之家领出来。

3"除了我以外,你不可有别的神。

懂得敬畏上帝,这个人的自律性就强些。另外,听女婿讲起这上帝的善良心意和奇妙作为,俺也觉得着真是太神奇了!从前听女婿讲,总是半信半疑,但今天在真实的见证面前,不由人不信啊!

"摩西!神要你打的是石头,不是人头!"

由此可见之十三:再亲密的关系,如果缺乏沟通也会产生误解。而消除误解的最好方法就是有效的沟通。最有效的沟通不是质询与辩白,而是真诚分享和愿意倾听。

4"不可为自己雕刻偶像;也不可作什么形像仿佛上天、下地和地底下、水中的百物。5不可跪拜那些像;也不可侍奉它,因为我耶和华你的神,是忌邪的神。恨我的,我必追讨他的罪,自父及子,直到三四代;6爱我、守我诫命的,我必向他们发慈爱,直到千代。

7"不可妄称耶和华你神的名;因为妄称耶和华名的,耶和华必不以他为无罪。

8"当记念安息日,守为圣日。9六日要劳碌作你一切的工,10但第七日是向耶和华你神当守的安息日。这一日你和你的儿女、仆婢、牲畜,并你城里寄居的客旅,无论何工都不可作,11因为六日之内,耶和华造天、地、海和其中的万物,第七日便安息,所以耶和华赐福与安息日,定为圣日。

12"当孝敬父母,使你的日子在耶和华你神所赐你的地上得以长久。

13"不可杀人。

14"不可奸淫。

15"不可偷盗。

16"不可作假见证陷害人。

17"不可贪恋人的房屋;也不可贪恋人的妻子、仆婢、牛驴,并他一切所有的。"

18众百姓见雷轰、闪电、角声、山上冒烟,就都发颤,远远地站立,19对摩西说:"求你和我们说话,我们必听,不要神和我们说话,恐怕我们死亡。"20摩西对百姓说:"不要惧怕,因为神降临是要试验你们,叫你们时常敬畏他,不至犯罪。"21于是百姓远远地站立,摩西就挨近神所在的幽暗之中。

第31章(18节)

18耶和华在西奈山和摩西说完了话,就把两块法版交给他,是神用指头写的石版。

十四、优点→盲点→弱点

第二天，摩西的老岳父到摩西椭圆形帐篷办公室参观，并现场观摩摩西一天的工作情况。只看见摩西他起早贪黑，每天日理许多"万机"。女婿做事又格外认真，一天下来累个半死，那排队等着办案的百姓也累个半死。有些来的时候是夫妻吵架，等了一天下来，还没等轮得着审理，俩人又和好了。弄得摩西只好在办公室门口挂了个牌子——"非诚勿扰"，但效果也十分有限。

老岳父看了直摇头："唉，我这个女婿啊，人是挺好，可就是有点儿傻啊。"

摩西说："我的智商应该还挺高吧？这些案子有时候很难判断的，特别需要有智慧，而我的冤假错案率是很低的，也很少有投诉的。"

"唉，这就是我为什么说你傻的原因。作为一个法官，你是当之无愧的好法官；但今天你所扮演的角色，不只是法官，而是带领几十万人的团队领袖，处理诉讼只是部分工作而已。另外想想看，这么多事凡事都要依靠你的那点聪明，哪够呀？所以呢，你应该展开普法教育，人人都有法律观念，问题不就少了吗？另外也要加强提升人民道德素质，树立正确的荣耻观念，这样才能建立和谐社会。"

摩西一听，喜出望外，心想：这老头儿太有才了！便说："您接着说。"

第32章

1 百姓见摩西迟延不下山,就大家聚集到亚伦那里,对他说:"起来,为我们作神像,可以在我们前面引路,因为领我们出埃及地的那个摩西,我们不知道他遭了什么事。"2 亚伦对他们说:"你们去摘下你们妻子、儿女耳上的金环,拿来给我。"3 百姓就都摘下他们耳上的金环,拿来给亚伦。4 亚伦从他们手里接过来,铸了一只牛犊,用雕刻的器具作成。他们就说:"以色列啊,这是领你出埃及地的神。"5 亚伦看见,就在牛犊面前筑坛,且宣告说:"明日要向耶和华守节。"6 次日清早,百姓起来献燔祭和平安祭,就坐下吃喝,起来玩耍。

7 耶和华吩咐摩西说:"下去吧,因为你的百姓,就是你从埃及地领出来的,已经败坏了。8 他们快快偏离了我所吩咐的道,为自己铸了一只牛犊,向它下拜献祭,说:'以色列啊,这就是领你出埃及地的神。'"9 耶和华对摩西说:"我看这百姓真是硬着颈项的百姓。10 你且由着我,我要向他们发烈怒,将他们灭绝,使你的后裔成为大国。"

11 摩西便恳求耶和华他的神说:"耶和华啊,你为什么向你的百姓发烈怒呢?这百姓是你用大力和大能的手从埃及地领出来的。12 为什么使埃及人议论说:'他领他们出去,是要降祸与他们,把他们杀在山中,将他们从地上除灭。'求你转意,不发你的烈怒;后悔,不降祸与你的百姓。13 求你记念你的仆人亚伯拉罕、以撒、以色列,你曾指着自己起誓说:'我必使你们的后裔像天上的星那样多,并且我所应许的这全地,必给你们的后裔,他们要永远承受为业。'"14 于是耶和华后悔,不把所说的祸降与他的百姓。

15 摩西转身下山,手里拿着两块法版。这版是两面写的,这面那面都有字。16 是神的工作,字是神写的,刻在版上。17 约书亚一听见百姓呼喊的声音,就对摩西说:"在营里有争战的声音。"18 摩西说:"这不

"女婿呀，你不是学过管理吗？没听说授权吗？你不能像中国的诸葛亮一样，连打三十军棍的小案子都亲自审理，不过劳死才怪！你要从百姓中，选出一些德才兼备的干部来，让他们担任各级中层领导，处理一般事务，遇有重大难解的，再提交到你这里来。这样不光提高效率，培养人才，你自己也能轻松些，多思考一些大政方针。"

摩西就这样开始实行了。

所以，由此可见：太太的话可以不听，但老丈人的话不可以不听。哈，开个玩笑。

由此可见之十四：每个人都有自己的弱点，而这些弱点往往就是我们优点的多一点点。坚持多一点是固执，灵活多一点是滑头；埋头苦干容易忘记抬头看路，一心向前往往忽视路边风景。所以要管理好自己的优点，不让自己的优点成为盲点，变成弱点，这样才能有所突破，取得更大成就。

十五、爱是舍己

摩西满心欢喜地送走老岳父之后，却发现自己陷入另一种苦恼之中：怎么制订法律呢？原则是什么？别人凭什么听我制

是人打胜仗的声音，也不是人打败仗的声音，我所听见的，乃是人歌唱的声音。"19 摩西挨近营前，就看见牛犊，又看见人跳舞，便发烈怒，把两块版扔在山下摔碎了，20 又将他们所铸的牛犊用火焚烧，磨得粉碎，撒在水面上，叫以色列人喝。

21 摩西对亚伦说："这百姓向你作了什么？你竟使他们陷在大罪里！"22 亚伦说："求我主不要发烈怒。这百姓专于作恶，是你知道的。23 他们对我说：'你为我们作神像，可以在我们前面引路，因为领我们出埃及地的那个摩西，我们不知道他遭了什么事。'24 我对他们说：'凡有金环的可以摘下来'，他们就给了我。我把金环扔在火中，这牛犊便出来了。"

25 摩西见百姓放肆（亚伦纵容他们，使他们在仇敌中间被讥刺），26 就站在营门中说："凡属耶和华的，都要到我这里来！"于是利未的子孙都到他那里聚集。27 他对他们说："耶和华以色列的神这样说：'你们各人把刀挎在腰间，在营中往来，从这门到那门，各人杀他的弟兄与同伴并邻舍。'"28 利未的子孙照摩西的话行了。那一天，百姓中被杀的约有三千。29 摩西说："今天你们要自洁，归耶和华为圣，各人攻击他的儿子和弟兄，使耶和华赐福与你们。"

30 到了第二天，摩西对百姓说："你们犯了大罪，我如今要上耶和华那里去，或者可以为你们赎罪。"31 摩西回到耶和华那里说："唉！这百姓犯了大罪，为自己作了金像。32 倘或你肯赦免他们的罪，——不然，求你从你所写的册上涂抹我的名。"33 耶和华对摩西说："谁得罪我，我就从我的册上涂抹谁的名。34 现在你去领这百姓，往我所告诉你的地方去，我的使者必在你前面引路，只是到我追讨的日子，我必追讨他们的罪。"35 耶和华杀百姓的缘故是因他们同亚伦作了牛犊。

订出来的法律呢?怎样才能促使人们遵守法律呢?回想自己在埃及王宫时曾经学过的汉谟拉比法典,又觉得它严苛僵化、残酷无情,更重要的是这部法典是维护奴隶制的,而我摩西反的不就是奴隶制吗?毫无参考意义。该怎么办呢?左思右想,忽然眼前一亮:我傻呀我,老岳父刚教了我授权的原则,我就忘了。遇有重大难决的事,要迅速向上请示!立法这等大事,不在我权限范围之内,我只是行政执行机关,所以,我还是请上帝来做吧!

于是摩西再上圣山。

上帝听了摩西的汇报,对他说:"法的实质在于爱,原则在于平等,执行在于信守。就比如我,创造万物,掌管万有的,其实本没有这个必要和你们立约,但因为你们是我所创造的、我所拣选的、我所爱的,为了宣示这种平等性,我就和你们立一个约定:你们要真心愿意遵守我们立的约,我就带领你们,永远保护你们。"

摩西赶快召集会众,大家一致表示愿意。上帝对摩西说:"你们能有这个觉悟就很好。那摩西呀,我向你说话时,也会向全体百姓现场直播,这样大家就知道你从我这里领受的真实性了。免得以后有人故意找碴儿。"

摩西特感动,说:"您想得真周到。"

上帝说:"唉,没办法,你们为人父母的应该能体会一些我的心情吧。"

第33章

1耶和华吩咐摩西说:"我曾起誓应许亚伯拉罕、以撒、雅各说:'要将迦南地赐给你的后裔。'现在你和你从埃及地所领出来的百姓,要从这里往那地去。2我要差遣使者在你前面,撵出迦南人、亚摩利人、赫人、比利洗人、希未人、耶布斯人,3领你到那流奶与蜜之地。我自己不同你们上去,因为你们是硬着颈项的百姓,恐怕我在路上把你们灭绝。"

4百姓听见这凶信就悲哀,也没有人佩戴妆饰。5耶和华对摩西说:"你告诉以色列人说:'耶和华说:你们是硬着颈项的百姓,我若一霎时临到你们中间,必灭绝你们,现在你们要把身上的妆饰摘下来,使我可以知道怎样待你们。'"6以色列人从住何烈山以后,就把身上的妆饰摘得干净。

7摩西素常将帐棚支搭在营外,离营却远,他称这帐棚为会幕,凡求问耶和华的,就到营外的会幕那里去。8当摩西出营到会幕去的时候,百姓就都起来,各人站在自己帐棚的门口,望着摩西,直等到他进了会幕。9摩西进会幕的时候,云柱降下来,立在会幕的门前,耶和华便与摩西说话。10众百姓看见云柱立在会幕门前,就都起来,各人在自己帐棚的门口下拜。11耶和华与摩西面对面说话,好像人与朋友说话一般。摩西转到营里去,惟有他的帮手一个少年人嫩的儿子约书亚,不离开会幕。

12摩西对耶和华说:"你吩咐我说:'将这百姓领上去',却没有叫我知道你要打发谁与我同去。只说:'我按你的名认识你,你在我眼前也蒙了恩'。13我如今若在你眼前蒙恩,求你将你的道指示我,使我可以认识你,好在你眼前蒙恩,求你想到这民是你的民。"14耶和华说:"我必亲自和你同去,使你得安息。"15摩西说:"你若不亲自和我同去,就不要把我们从这里领上去。16人在何事上得以知道我和你的百姓在你眼前蒙恩呢?岂不是因你与我们同去,使我和你的百姓与地上的万民有分

由此可见之十五：想看一个人是不是真的爱你，不是看他给你买多么贵重的礼物，也不用逼着他表态是否愿意为你赴汤蹈火；而是看原本走路大步流星的他是否愿意和你逛街，不爱运动的她是否愿意陪你看球赛。一个真正有爱心的人，是懂得关怀别人、肯俯就他人、愿意舍己的人。

十六、说在纸上

于是，上帝借摩西之口颁布了十诫。

这十诫的前几诫讲的是人对上帝应有的认识和态度，也就是信仰问题。信仰，是道德和法律的基础。因为其实所谓道德，归根结蒂在于你所相信的是什么；所谓法律，也正是对道德的维护。一个人天不怕地不怕，就会胡天胡地；不相信除了你知我知，还有天知地知，就会自以为神不知鬼不觉，偷偷摸摸干坏事。十诫的后几条讲的是人与人之间互动的准则，非常简单明了。十诫的原则性大于具体性，性质相当于宪法。

听了上帝所颁的十诫，摩西忽然意识到了一个问题：这十诫只是叫人们要如何如何，不要如何如何，而没有说如果你如何如何，就会如何如何。想向上帝问个究竟，心中似乎隐约有个答案。

别吗?"

17耶和华对摩西说:"你这所求的我也要行,因为你在我眼前蒙了恩,并且我按你的名认识你。"18摩西说:"求你显出你的荣耀给我看。"19耶和华说:"我要显我一切的恩慈,在你面前经过,宣告我的名。我要恩待谁,就恩待谁;要怜悯谁,就怜悯谁。"20又说:"你不能看见我的面,因为人见我的面不能存活。"21耶和华说:"看哪,在我这里有地方,你要站在磐石上,22我的荣耀经过的时候,我必将你放在磐石穴中,用我的手遮掩你,等我过去;23然后我要将我的手收回,你就得见我的背,却不得见我的面。"

第34章

1耶和华吩咐摩西说:"你要凿出两块石版,和先前你摔碎的那版一样,其上的字我要写在这版上。2明日早晨,你要预备好了,上西奈山,在山顶上站在我面前。3谁也不可和你一同上去,遍山都不可有人,在山根也不可叫羊群牛群吃草。"4摩西就凿出两块石版,和先前的一样。清晨起来,照耶和华所吩咐的上西奈山去,手里拿着两块石版。5耶和华在云中降临,和摩西一同站在那里,宣告耶和华的名。6耶和华在他面前宣告说:"耶和华,耶和华,是有怜悯、有恩典的 神,不轻易发怒,并有丰盛的慈爱和诚实。7为千万人存留慈爱,赦免罪孽、过犯和罪恶,万不以有罪的为无罪,必追讨他的罪,自父及子,直到三四代。"8摩西急忙伏地下拜,9说:"主啊,我若在你眼前蒙恩,求你在我们中间同行,因为这是硬着颈项的百姓,又求你赦免我们的罪孽和罪恶,以我们为你的产业。"

10耶和华说:"我要立约,要在百姓面前行奇妙的事,是在遍地万国中所未曾行的。在你四围的外邦人,就要

上帝仿佛看穿摩西的心事，就对他说："你肯独立思考，很好。我的心意，你们慢慢地体会经历吧。一些具体的法律典章我也会为你详细述说，你要注意掌握其中的精神。"

然后，上帝就人身自由、人身伤害、财产保护及人对社会的责任等方面都作了比较详细的规定。同时，还强调尊重自然规律、重视环境保护；甚至连一些节日都制订下来。说完之后，又鼓励摩西一番，并把十诫刻在石板上，交给摩西。

由此可见之十六：对于一些重要的事情，不能单凭记忆，要懂得以书面形式记下来。接受聘请、反映问题、生意买卖、借钱还钱等等，无论关系多好，最好还是白纸黑字。

十七、坚持与妥协

摩西迟迟没有下山，百姓着急了。哎呀，摩西岁数也不小了，别真的见上帝了吧？于是就去找亚伦，对他说："摩西他哥，历史的重担落在你肩上了。赶快起来，造个神像给咱们指路吧。"

亚伦说："不好吧，我弟生死不知，我们就这样，不妥吧？"

"有什么不妥，人家美国总统遇到危险，状况不明时，还由副总统代行职权呢。你要不乐意，我们可就找国会议长了

看见耶和华的作为，因我向你所行的是可畏惧的事。

11 "我今天所吩咐你的，你要谨守。我要从你面前撵出亚摩利人、迦南人、赫人、比利洗人、希未人、耶布斯人。12 你要谨慎，不可与你所去那地的居民立约，恐怕成为你们中间的网罗；13 却要拆毁他们的祭坛，打碎他们的柱像，砍下他们的木偶。14 不可敬拜别神，因为耶和华是忌邪的　神，名为忌邪者。15 只怕你与那地的居民立约，百姓随从他们的神，就行邪淫，祭祀他们的神，有人叫你，你便吃他的祭物。16 又为你的儿子娶他们的女儿为妻，她们的女儿随从她们的神，就行邪淫，使你的儿子也随从她们的神行邪淫。

17 "不可为自己铸造神像。

18 "你要守除酵节，照我所吩咐你的，在亚笔月内所定的日期吃无酵饼七天，因为你是这亚笔月内出了埃及。19 凡头生的都是我的；一切牲畜头生的，无论是牛是羊，公的都是我的。20 头生的驴要用羊羔代赎，若不代赎，就要打折它的颈项。凡头生的儿子都要赎出来。谁也不可空手朝见我。21 "你六日要作工，第七日要安息；虽在耕种收割的时候，也要安息。22 在收割初熟麦子的时候，要守七七节。又在年底，要守收藏节。23 你们一切男丁，要一年三次朝见主耶和华以色列的神。24 我要从你面前赶出外邦人，扩张你的境界。你一年三次上去朝见耶和华你神的时候，必没有人贪慕你的地土。

25 "你不可将我祭物的血和有酵的饼一同献上。逾越节的祭物也不可留到早晨。26 地里首先初熟之物，要送到耶和华你神的殿。不可用山羊羔母的奶煮山羊羔。"

27 耶和华吩咐摩西说："你要将这些话写上，因为我是按这话与你和以色列人立约。" 28 摩西在耶和华那里四十昼夜，也不吃饭，也不喝水。耶和华将这约的话，就是十条诫，写在两块版上。

29 摩西手里拿着两块法版下西奈山的时候，不知道自己的面皮因耶和华和他说话就发了光。30 亚伦和以色

啊。"亚伦心想，这下可糟了，我要不答应，他们可就搞政变了。情急之下，就妥协了，为老百姓造了一个金牛犊。

以色列百姓挺高兴，说："以前摩西让咱们信的神看不见摸不着，怎么信啊？这多好，看得见摸得着，心里踏实。就是它了，这就是领咱们出埃及的上帝。"

有爱琢磨的人说："这逻辑不太对吧？这金牛犊是看得见摸得着，但它是咱们造的。它要是有灵，应该拜咱们才对呀！"

也有人说："虽说上帝自身咱看不见摸不着，可咱们都看见过经历过他为咱做的事呀。这比看见还真实呢。"

还有人偷偷议论："咱们这样做可有点娶了媳妇忘了娘，说难听点就是背信弃义，忘恩负义，要遭报应的。"

"咳，咱普通老百姓，管不了那么多，上边怎么办，咱就怎么办吧。"

上帝看见他所爱的百姓竟然是这等德行，是既难过又生气。摩西见状，连忙恳求："您别生气。我们是什么水平，这一路走来，您都看见了。我们犯这等低级错误也不是一回两回了，您不都原谅了吗？再者说，您曾向我们先祖立约，不管发生什么事，您都带领保护我们的，对吧？"

上帝听了摩西的话，叹了口气："哎，当初我让你出来带领以色列百姓，你说你拙口笨舌，可听听你刚才说的，做律师都行了。"

"您这是骂我。"

"其实我倒不是骂你，而是喜悦你的善良忠诚。你肯为你

列众人看见摩西的面皮发光，就怕挨近他。31 摩西叫他们来，于是亚伦和会众的官长都到他那里去，摩西就与他们说话。32 随后，以色列众人都近前来，他就把耶和华在西奈山与他所说的一切话都吩咐他们。33 摩西与他们说完了话，就用帕子蒙上脸。34 但摩西进到耶和华面前与他说话，就揭去帕子；及至出来的时候，便将耶和华所吩咐的告诉以色列人。35 以色列人看见摩西的面皮发光，摩西又用帕子蒙上脸，等到他进去与耶和华说话，就揭去帕子。

摩西故事 参考阅读

《民数记》第 12–14 章

第 12 章

1 摩西娶了古实女子为妻。米利暗和亚伦因他所娶的古实女子，就毁谤他，说：2 "难道耶和华单与摩西说话，不也与我们说话吗？" 这话耶和华听见了。3 摩西为人极其谦和，胜过世上的众人。4 耶和华忽然对摩西、亚伦、米利暗说："你们三个人都出来到会幕这里。" 他们三个人就出来了。5 耶和华在云柱中降临，站在会幕门口，召亚伦和米利暗，二人就出来了。6 耶和华说："你们且听我的话：你们中间若有先知，我耶和华必在异象中向他显现，在梦中与他说话。7 我的仆人摩西不是这样，他是在我全家尽忠的。8 我要与他面对面说话，乃是明说，不用谜语，并且他必见我的形像。你们毁谤我的仆人摩西，为何不惧怕呢？"

9 耶和华就向他们二人发怒而去。10 云彩从会幕上

的百姓求情,足见你宅心仁厚、勇气可嘉,也算我没用错人。所以我收回我的愤怒,不降灾祸。你下山自己看着处理吧。"

由此可见之十七:很多问题可以让步,但原则不能妥协;虽然原则不能妥协,但原则内还有空间可以运作。其中重点,在于你的动机与目的。另外,做中层干部的要明白一个道理,自己的角色不只是上级代表,同时也要扮演好下级的代言人。

十八、适可而止

摩西下山,见百姓背了信,违了约,还满脸幸福;自己的哥哥恣意纵容,还装无辜,不由得心头火起:"你们刚立约就毁约,那还立约干什么?!"说完,把上帝给他的两块法版摔个粉碎,又把金牛犊像用火烧了,磨成粉,洒在水上,干脆让以色列人当奶粉喝了。接下来,他痛斥亚伦一番,并对百姓中"犯罪"情节恶劣者进行严厉的惩罚。之后,他代表以色列百姓请求上帝的原谅。

上帝说:"我曾与你们先祖立约,必定带领保守你们,我也这样做了。但你们一再违约不说,现在根本否认立约的要件,所以这约也就不存在了。那么我也没有必要守约了。"

挪开了。不料，米利暗长了大麻风，有雪那样白。亚伦一看米利暗长了大麻风，11 就对摩西说："我主啊，求你不要因我们愚昧犯罪，便将这罪加在我们身上。12 求你不要使她像那出母腹、肉已半烂的死胎。" 13 于是摩西哀求耶和华说："神啊，求你医治她！" 14 耶和华对摩西说："她父亲若吐唾沫在她脸上，她岂不蒙羞七天吗？现在要把她在营外关锁七天，然后才可以领她进来。" 15 于是米利暗关锁在营外七天。百姓没有行路，直等到把米利暗领进来。16 以后百姓从哈洗录起行，在巴兰的旷野安营。

第 13 章

1 耶和华晓谕摩西说：2 "你打发人去窥探我所赐给以色列人的迦南地，他们每支派中要打发一个人，都要作首领的。" 3 摩西就照耶和华的吩咐，从巴兰的旷野打发他们去，他们都是以色列人的族长。……

17 摩西打发他们去窥探迦南地，说："你们从南地上山地去，18 看那地如何？其中所住的民是强是弱，是多是少，19 所住之处是好是歹，所住之处是营盘是坚城。20 又看那地土是肥美是瘠薄，其中有树木没有？你们要放开胆量，把那地的果子带些来。" 那时正是葡萄初熟的时候。

21 他们上去窥探那地，从寻的旷野到利合，直到哈马口。22 他们从南地上去，到了希伯仑，在那里有亚衲族人亚希幔、示筛、挞买。原来希伯仑城被建造比埃及的锁安城早七年。23 他们到了以实各谷，从那里砍了葡萄树的一枝，上头有一挂葡萄，两个人用杠抬着，又带了些石榴和无花果来。24 因为以色列人从那里砍来的那挂葡萄，所以那地方叫作以实各谷。

25 过了四十天，他们窥探那地才回来。26 到了巴兰旷野的加低斯，见摩西、亚伦并以色列的全会众，回

摩西一听,急了:"不行,不行,我们还是您的百姓不是?"

"是倒是,可你们不认呀?"

摩西牌金牛犊系列饮品 即冲即饮(无添加剂)

"不管孩子认不认父母,但这亲子关系还在,对不?"

"那当然,这种关系不是你承认不承认的问题。"

"不管我们做错了什么事,您还是爱我们,对不?"

"……但我也不能惯你们呀?"

"做错事我们是要负责任,但您还是心疼,对不?孩子越不听话,当父母的就越要关心引导,对不?"

上帝乐了:"知我者,摩西也。行了,别说了,我们重新立约,你再去找石版吧。"

报摩西、亚伦并全会众，又把那地的果子给他们看。27又告诉摩西说："我们到了你所打发我们去的那地，果然是流奶与蜜之地，这就是那地的果子。28然而住那地的民强壮，城邑也坚固宽大，并且我们在那里看见了亚衲族的人。29亚玛力人住在南地；赫人、耶布斯人、亚摩利人住在山地；迦南人住在海边，并约旦河旁。"

30迦勒在摩西面前安抚百姓，说："我们立刻上去得那地吧！我们足能得胜。"31但那些和他同去的人说："我们不能上去攻击那民，因为他们比我们强壮。"32探子中有人论到所窥探之地，向以色列人报恶信，说："我们所窥探经过之地，是吞吃居民之地，我们在那里所看见的人民都身量高大。33我们在那里看见亚衲族人，就是伟人，他们是伟人的后裔。据我们看自己就如蚱蜢一样，据他们看我们也是如此。"

第14章（1-35节）

1当下全会众大声喧嚷，那夜百姓都哭号。2以色列众人向摩西、亚伦发怨言，全会众对他们说："巴不得我们早死在埃及地，或是死在这旷野。3耶和华为什么把我们领到那地，使我们倒在刀下呢？我们的妻子和孩子必被掳掠，我们回埃及去岂不好吗？"4众人彼此说："我们不如立一个首领，回埃及去吧！"

5摩西、亚伦就俯伏在以色列全会众面前。6窥探地的人中，嫩的儿子约书亚和耶孚尼的儿子迦勒，撕裂衣服，7对以色列全会众说："我们所窥探经过之地是极美之地。8耶和华若喜悦我们，就必将我们领进那地，把地赐给我们，那地原是流奶与蜜之地。9但你们不可背叛耶和华，也不要怕那地的居民，因为他们是我们的食物，并且荫庇他们的已经离开他们，有耶和华与我们同在，不要怕他们。"10但全会众说："拿石头打死他

由此可见之十八：无论是申奥还是加入世贸，不管是正式商业谈判，还是市场买菜讨价还价，但凡想要说服别人，首先要充分了解对方，明白对方的底线；技巧上要懂得动之以情，见好就收。

十九、关系是把双刃剑

上帝与以色列民重申立约之后，又就宗教仪式、饮食禁忌、传染病防治、性行为规范、民工及外来常住人口管理、移民政策、农业用地的使用与保护、房屋买卖等作了详细的规定。并强调凡认真遵守这些律例的，就会生态平衡，社会和谐。反之，就容易闹什么沙尘暴、雪灾之类的自然灾害，发生贫富两极分化等问题，形成诸多社会不稳定因素。摩西对上述工作部署之后，又进行了大规模的人口普查。

总体来说，十诫及其他律例颁布之后，社会相对和谐了一段时期。

当中也出过几次事件，其中最让摩西痛心的一次就是自己的哥哥亚伦和姐姐米利暗居然诽谤生事，挑战摩西的领袖地位，说："我们都是一个娘养的，难道上帝只与摩西说话，不与我们说话吗？"

们二人！"忽然，耶和华的荣光在会幕中向以色列众人显现。

11 耶和华对摩西说："这百姓藐视我要到几时呢？我在他们中间行了这一切神迹，他们还不信我要到几时呢？ 12 我要用瘟疫击杀他们，使他们不得承受那地，叫你的后裔成为大国，比他们强胜。"

13 摩西对耶和华说："埃及人必听见这事，因为你曾施展大能，将这百姓从他们中间领上来。14 埃及人要将这事传给迦南地的居民，那民已经听见你耶和华是在这百姓中间，因为你面对面被人看见，有你的云彩停在他们以上。你日间在云柱中，夜间在火柱中，在他们前面行。15 如今你若把这百姓杀了，如杀一人，那些听见你名声的列邦必议论说：16 '耶和华因为不能把这百姓领进他向他们起誓应许之地，所以在旷野把他们杀了。' 17 现在求主大显能力，照你所说过的话说：18 '耶和华不轻易发怒，并有丰盛的慈爱，赦免罪孽和过犯，万不以有罪的为无罪，必追讨他的罪，自父及子，直到三四代。' 19 求你照你的大慈爱赦免这百姓的罪孽，好像你从埃及到如今常赦免他们一样。"

20 耶和华说："我照着你的话赦免了他们。21 然我指着我的永生起誓，遍地要被我的荣耀充满。22 这些人虽看见我的荣耀和我在埃及与旷野所行的神迹，仍然试探我这十次，不听从我的话，23 他们断不得看见我向他们的祖宗所起誓应许之地。凡藐视我的，一个也不得看见；24 惟独我的仆人迦勒，因他另有一个心志，专一跟从我，我就把他领进他所去过的那地；他的后裔也必得那地为业。25 亚玛力人和迦南人住在谷中，明天你们要转回，从红海的路往旷野去。"

26 耶和华对摩西、亚伦说：27"这恶会众向我发怨言，我忍耐他们要到几时呢？以色列人向我所发的怨言，我都听见了。28 你们告诉他们，耶和华说：'我指着我的永生起誓：我必要照你们达到我耳中的话待你们。29

上帝倒挺成全，还真的对他们说话了。不过是当着摩西的面，骂了他们一顿："你们看你兄弟为人谦和，就看不起他吗？想当领袖是不是？你们也不掂量掂量自己，能跟摩西比吗？不错，我是跟摩西说话，还面对面直来直去的说，嫉妒了？你要是有像他一样的品格，我还向你说话呢。"

"摩西呀，看孩子的事我看你还是别找亚伦了，上次让他替你代管以色列子民，没几天就出了乱子，惹得你大发雷霆，把刻着十诫的石版都摔坏啦。"

由此可见之十九：一个人想要成功，需要和你的上级建立良好的关系，不单是工作上的关系，也应当有适度的私人关系。要让你的上级不单知道你怎么做事，也有机会看见你怎么作人。让他了解你能力之外的特质，如你的品格、爱好、理想和志趣。为什么现实生活中有时会让人觉得这是拉关系套近乎呢？

你们的尸首必倒在这旷野，并且你们中间凡被数点、从二十岁以外向我发怨言的，30 必不得进我起誓应许叫你们住的那地；惟有耶孚尼的儿子迦勒和嫩的儿子约书亚才能进去。31 但你们的妇人孩子，就是你们所说要被掳掠的，我必把他们领进去，他们就得知你们所厌弃的那地。32 至于你们，你们的尸首必倒在这旷野。33 你们的儿女必在旷野飘流四十年，担当你们淫行的罪，直到你们的尸首在旷野消灭。34 按你们窥探那地的四十日，一年顶一日；你们要担当罪孽四十年，就知道我与你们疏远了。35 我耶和华说过，我总要这样待这一切聚集敌我的恶会众，他们必在这旷野消灭，在这里死亡。'"

摩西故事 参考阅读

《申命记》第31，34章

第31章

1 摩西去告诉以色列众人，2 说："我现在一百二十岁了，不能照常出入，耶和华也曾对我说：'你必不得过这约旦河。' 3 耶和华你们的神必引导你们过去，将这些国民在你们面前灭绝，你们就得他们的地。约书亚必引导你们过去，正如耶和华所说的。4 耶和华必待他们，如同从前待他所灭绝的亚摩利二王西宏与噩以及他们的国一样。5 耶和华必将他们交给你们，你们要照我所吩咐的一切命令待他们。6 你们当刚强壮胆，不要害怕，也不要畏惧他们，因为耶和华你的神和你同去。他必不撇下你，也不丢弃你。"

那不是因为道理不对，而是人们把它庸俗化了，把正常的规则，变成了潜规则。

二十、机遇

上帝承诺以色列民要带领他们摆脱埃及人的奴役，进入流奶与蜜的迦南美地。为进入迦南做准备，摩西开始进行侦察工作，用谷歌地图看了看，发现成像度仍然不够精密，特别是只能看到地形，看不到民情，仍然需要进行传统的实地侦查。同时为了进行对接班人的考察，上帝特别让摩西选派各支派首领共计十二人进行这次代号为"葡萄"的秘密行动。

摩西特别嘱咐他们："你们这次的任务是光荣而艰巨的。要认真考察，特别注意地形地貌，军事基地的分布，军队的实力与民心，物产资源等等。别人问起来你们是干什么的，你们就说你们是水果批发商，采购样品的。"

四十天过后，十二人带着各色水果回来了。特别是葡萄，又大又甜，品种独特，实属珍品。

十二人开始汇报侦查情报,总的情况是:地方可真是好地方，但是武装力量挺强，军事设施也挺完善，攻打起来相当有难度。

这时，代号003的迦勒说："有难度是肯定的，但天时地

7 摩西召了约书亚来，在以色列众人眼前对他说："你当刚强壮胆，因为你要和这百姓一同进入耶和华向他们列祖起誓应许所赐之地，你也要使他们承受那地为业。8 耶和华必在你前面行，他必与你同在，必不撇下你，也不丢弃你。不要惧怕，也不要惊惶。"

9 摩西将这律法写出来，交给抬耶和华约柜的祭司利未子孙和以色列的众长老。10 摩西吩咐他们说："每逢七年的末一年，就在豁免年的定期住棚节的时候，11 以色列众人来到耶和华你神所选择的地方朝见他。那时，你要在以色列众人面前将这律法念给他们听。12 要招聚他们男、女、孩子，并城里寄居的，使他们听、使他们学习，好敬畏耶和华你们的神，谨守遵行这律法的一切话。13 也使他们未曾晓得这律法的儿女得以听见，学习敬畏耶和华你们的神，在你们过约旦河要得为业之地，存活的日子，常常这样行。"

14 耶和华对摩西说："你的死期临近了，要召约书亚来，你们二人站在会幕里，我好嘱咐他。"于是摩西和约书亚去站在会幕里。15 耶和华在会幕里云柱中显现，云柱停在会幕门以上。

16 耶和华又对摩西说："你必和你列祖同睡。这百姓要起来，在他们所要去的地上，在那地的人中，随从外邦神行邪淫离弃我，违背我与他们所立的约。17 那时我的怒气必向他们发作，我也必离弃他们，掩面不顾他们，以致他们被吞灭，并有许多的祸患灾难临到他们。那日他们必说：'这些祸患临到我们，岂不是因我们的神不在我们中间吗？'18 那时，因他们偏向别神所行的一切恶，我必定掩面不顾他们。19 现在你要写一篇歌，教导以色列人，传给他们，使这歌见证他们的不是，20 因为我将他们领进我向他们列祖起誓应许那流奶与蜜之地，他们在那里吃得饱足，身体肥胖，就必偏向别神侍奉他们，藐视我，背弃我的约。21 那时，有许多祸患灾难临到他们，这歌必在他们面前作见证，他们后裔的口中必念诵不忘。

利我们都占了，只要我们人和，胜算是绝对有把握的，所以应该马上展开军事行动。"003的发言除了得到005约书亚的严重赞同外，激起其他人（包括007）的强烈反对，都说003严重低估敌情，此仗不能打，必输无疑。

当下会众大声喧嚷，悲哀哭嚎："早知现在，何必当初呢？跟着你摩西来这儿送死来啦？摩西呀，你可把我们害惨啦！干脆，废了摩西，另立中央，回埃及去吧！"

仗还没打，就认输了。003和005为摩西申辩，众人却要拿石头打他们。

上帝看不下去，向众人显现，想要照着百姓所行给予相应惩罚，但可怜摩西一番哀求，便打了些折扣，原本唾手可得的迦南美地，以色列人被罚在旷野漂流四十年后，才可进入。

由此可见之二十：人生当中我们错过许多美丽的风景，往往都是因为我们信心的缺乏。一直暗恋邻家美丽的女孩，却不敢开口，直到她嫁了阿狗，你才发现自己原本大有可能。机遇只给看得见机会的人遇见，只给伸手努力去抓的人得到。机遇只给能承受得起机遇的人承受。就算是白白的恩典，你也得接受，才与你有关。

我未领他们到我所起誓应许之地以先,他们所怀的意念我都知道了。"22 当日摩西就写了一篇歌,教导以色列人。

23 耶和华嘱咐嫩的儿子约书亚说:"你当刚强壮胆,因为你必领以色列人进我所起誓应许他们的地,我必与你同在。"

24 摩西将这律法的话写在书上,及至写完了,25 就吩咐抬耶和华约柜的利未人说:26 "将这律法书放在耶和华你们神的约柜旁,可以在那里见证以色列人的不是,27 因为我知道你们是悖逆的,是硬着颈项的。我今日还活着与你们同在,你们尚且悖逆耶和华,何况我死后呢?28 你们要将你们支派的众长老和官长都招聚了来,我好将这些话说与他们听,并呼天唤地见证他们的不是。29 我知道我死后,你们必全然败坏,偏离我所吩咐你们的道,行耶和华眼中看为恶的事,以手所作的惹他发怒,日后必有祸患临到你们。"

30 摩西将这一篇歌的话都说与以色列全会众听。

第34章

1 摩西从摩押平原登尼波山,上了那与耶利哥相对的毗斯迦山顶。耶和华把基列全地直到但,2 拿弗他利全地,以法莲、玛拿西的地,犹大全地直到西海,3 南地和棕树城耶利哥的平原,直到琐珥,都指给他看。4 耶和华对他说:"这就是我向亚伯拉罕、以撒、雅各起誓应许之地,说:'我必将这地赐给你的后裔。'现在我使你眼睛看见了,你却不得过到那里去。"5 于是,耶和华的仆人摩西死在摩押地,正如耶和华所说的。6 耶和华将他埋葬在摩押地、伯毗珥对面的谷中,只是到今日没有人知道他的坟墓。7 摩西死的时候年一百二十岁。眼目没有昏花,精神没有衰败。8 以色列人在摩押平原为摩西哀哭了三十日,为摩西居丧哀哭的日子就满了。

二十一、上帝的朋友

四十年旷野生涯就这样过去了。其间以色列人仍然时有反复，犯过的错仍然一犯再犯。故事的情节仍然大同小异，只是有一次连摩西也受不了民众的光景，发了点脾气，耍了点态度，被上帝教训了一顿，还受了一定的处罚（对公众人物、领导干部的要求总是相对更严一些嘛），另外迦勒和约书亚也挺不容易的，人生最美好的青春岁月也只能跟着大伙儿在旷野中蹉跎。但事实就是如此，想要带领一个团队实现一个伟大的愿景，必须学会等待；等待这个愿景成为整个团队的愿景。过程虽然漫长，但领袖却不可灰心，更要不懈推动。惟有坚持，梦想才能实现，使命才能完成。

虽然自己的双脚能够踏入上帝承诺之地，乃是摩西一生最大的梦想，但当这一天就要到来之时，摩西却垂垂老矣，时日不多了。临终前，摩西做了两件事：

第一，宣布卸任，交棒给约书亚。约书亚的能力是人所共知，品格也好，上帝也认可，可以说是众望所归。

第二，发表告全国人民书，即自己的遗嘱。该书洋洋洒洒几万字，从摩西领受使命开始，细述其中曲折过程，并把上帝所定律法，重申一遍，成为《圣经》中的另一卷书《申命记》。其中心思想始终围绕上帝美善的属性和恩典的作为，呼召百姓要爱上帝，遵守与上帝的约定。

上帝听罢摩西的遗嘱后说："你文章写得不错，挺深刻的。

9 嫩的儿子约书亚,因为摩西曾按手在他头上,就被智慧的灵充满,以色列人便听从他,照着耶和华吩咐摩西的行了。10 以后以色列中再没有兴起先知像摩西的;他是耶和华面对面所认识的。11 耶和华打发他在埃及地向法老和他的一切臣仆,并他的全地,行各样神迹奇事,12 又在以色列众人眼前显大能的手,行一切大而可畏的事。

但总体来讲，有点冗长；另外其中教训多，太理性，不够生动，让人不太容易记住。写作要看对象。老百姓文化水平低，过不了多久就忘了。这样吧，你把这些浓缩一下，好好写首歌，谱上曲，这样才易于传唱流行。"

摩西听了，感慨地笑了："我这一辈子跟着您可真长本事了。想当年我年轻气盛，您就借着环境培养我谦和忍耐的品性；我贪图安逸，您却借荆棘之火挑战我的人生，让我有今天的作为；我拙口笨舌，您就让我常常公众演讲。瞧瞧现在，我立个遗嘱，几万字下来，还意犹未尽；现在您又让我创作歌曲。好吧，没问题！有您在，俺啥都不怕！"

上帝笑了笑："诗歌创作毕竟不是你的强项，我以后再找别人吧。但文学艺术贵在思想境界，你好好写写还是会偶有佳作的。"

之后，上帝带摩西登上高处，看尽迦南之广之美。虽然摩西自己未能如愿，双脚未能踏上迦南的土地，但能和上帝并肩远眺，却是前无古人，后无来者的殊荣，可谓死而无憾矣。人生之最高境界，其实不只在于达成什么具体目标，实现若干理想，更在于在追求的过程中是否经历成长与升华，是否以人之有限，却因与无限之连接，使得碌碌人生，有了超凡的意义与价值。

"摩西，你以为这样人家就认不出你来了吗？"

沁园春·人生感怀

摩西

人生短暂，
七十已稀，
八十更难。
看田间青草，
才沐晨露，
便被割下，
转眼枯干。
逝者如斯，
恍若轻叹，
又仿佛南柯一眠。
欲夸口，
却道不尽那，
劳苦愁烦。

诸山未曾生出，
地与世界混沌之先，
唯造物之主，
亘古永远，
愿人回转，
早睹慈颜。
求你指教，
以得智慧，
来数算有生之年。
更企盼，
你奇妙作为，
荣耀显现。

注：改自于《诗篇》第90篇

Three
The Story of David
戏说大卫

潜质与天分 在小事上忠心 能干也要会吃喝 可以说No！
帝国主义都是纸老虎? 百密一疏 成名的烦恼 能屈能伸
门当户对 知己莫红颜 不破不立 对自己负责 心胸决定成
就 更高的境界 取之有道 无心插柳 自知之明 孰能无过
挨骂不怕 有泪尽情流 合上帝心意的人

戏说大卫　参考阅读

《撒母耳记上》第16-24，30章

第16章

1 耶和华对撒母耳说："我既厌弃扫罗作以色列的王，你为他悲伤要到几时呢？你将膏油盛满了角，我差遣你往伯利恒人耶西那里去，因为我在他众子之内预定一个作王的。" 2 撒母耳说："我怎能去呢？扫罗若听见，必要杀我。"耶和华说："你可以带一只牛犊去，就说：'我来是要向耶和华献祭。' 3 你要请耶西来吃祭肉，我就指示你所当行的事。我所指给你的人，你要膏他。" 4 撒母耳就照耶和华的话去行。到了伯利恒，那城里的长老都战战兢兢地出来迎接他，问他说："你是为平安来的吗？" 5 他说："为平安来的，我是给耶和华献祭。你们当自洁，来与我同吃祭肉。"撒母耳就使耶西和他众子自洁，请他们来吃祭肉。

6 他们来的时候，撒母耳看见以利押，就心里说，耶和华的受膏者必定在他面前。7 耶和华却对撒母耳说："不要看他的外貌和他身材高大，我不拣选他，因为耶和华不像人看人，人是看外貌，耶和华是看内心。" 8 耶西叫亚比拿达从撒母耳面前经过，撒母耳说："耶和华也不拣选他。" 9 耶西又叫沙玛从撒母耳面前经过，撒母耳说："耶和华也不拣选他。" 10 耶西叫他七个儿子都从撒母耳面前经过，撒母耳说："这都不是耶和华所拣选的。" 11 撒母耳对耶西说："你的儿子都在这里吗？"他回答说："还有个小的，现在放羊。"撒母耳对耶西说："你打发人去叫他来；他若不来，我们必不坐席。" 12 耶西就打发人去叫了他来。他面色光红，双目清秀，容貌俊美。耶和华说："这就是他，你起来膏他。" 13 撒母耳就用角里的膏油，在他诸兄中膏了他。从这日起，耶和华的

一、潜质与天分

以色列民族在摩西接班人约书亚的带领下，终于征服了迦南，并定居下来。但各支派在约书亚去世后，内部不团结，搞分裂，日渐式微，常受外族欺负。那时，以色列有国没王，人们觉得也许这就是他们衰败的原因，就拥戴仪表堂堂，高大魁梧的扫罗作了国王，以色列一些支派开始联合起来，组建了常规部队，跟当时的主要敌人非利士人开战。

"大卫从狮子口中和狗熊掌下救了我们，我们无以回报，就让他骑着玩儿吧"

扫罗原本挺朴实的，但时位移人啊，称王没多久，他就开始骄傲自大起来，大搞个人崇拜，使好不容易有些起色的国

灵就大大感动大卫。撒母耳起身回拉玛去了。

14 耶和华的灵离开扫罗，有恶魔从耶和华那里来扰乱他。15 扫罗的臣仆对他说："现在有恶魔从神那里来扰乱你。16 我们的主可以吩咐面前的臣仆，找一个善于弹琴的来，等神那里来的恶魔临到你身上的时候，使他用手弹琴，你就好了。" 17 扫罗对臣仆说："你们可以为我找一个善于弹琴的，带到我这里来。" 18 其中有一个少年人说："我曾见伯利恒城耶西的一个儿子善于弹琴，是大有勇敢的战士，说话合宜，容貌俊美，耶和华也与他同在。" 19 于是扫罗差遣使者去见耶西，说："请你打发你放羊的儿子大卫到我这里来。" 20 耶西就把几个饼和一皮袋酒，并一只山羊羔，都驮在驴上，交给他儿子大卫，送与扫罗。21 大卫到了扫罗那里，就侍立在扫罗面前。扫罗甚喜爱他，他就作了扫罗拿兵器的人。22 扫罗差遣人去见耶西说："求你容大卫侍立在我面前，因为他在我眼前蒙了恩。" 23 从神那里来的恶魔临到扫罗身上的时候，大卫就拿琴用手而弹，扫罗便舒畅爽快，恶魔离了他。

第17章

1 非利士人招聚他们的军旅，要来争战，聚集在属犹大的梭哥，安营在梭哥和亚西加中间的以弗大悯。2 扫罗和以色列人也聚集，在以拉谷安营，摆列队伍要与非利士人打仗。3 非利士人站在这边山上，以色列人站在那边山上，当中有谷。4 从非利士营中出来一个讨战的人，名叫歌利亚，是迦特人，身高六肘零一虎口；5 头戴铜盔，身穿铠甲，甲重五千舍客勒；6 腿上有铜护膝，两肩之中背负铜戟；7 枪杆粗如织布的机轴，铁枪头重六百舍客勒。有一个拿盾牌的人在他前面走。8 歌利亚对着以色列的军队站立，呼叫说："你们出来摆列

势又变得危机重重。非利士人疯狂挑衅，以色列国却无人应战。而这便给了大卫，一个少年牧羊人彻底改变命运的机会，他并最终成为以色列一代明君，使以色列一跃成为当时迦南地区最为强盛的国家。

年少的大卫，上学严重偏科，平时爱写作，功课除了音体美小三门儿之外，就语文还说得过去。父亲对他的前途也没抱什么希望，能考个艺术类师范类学校，毕业了教个书，有份稳定的工作就算不错了。可大卫偏偏心志高远，天天说什么男子汉大丈夫，应当保家卫国，建功立业，还想考什么军校。惹得哥哥们常常耻笑他，他倒也不以为意。

由此可见之一：一个人在成长过程中，发挥自己的强项固然重要，但不可被自己的那一点天份所限制了。反倒更要注意自己的潜质，给自己多些发展空间，让自己的前途多些可能性。天份天份，人人都有一份，至于你的那一份有多大，你要努力挖掘才知道。你要是上进，老天是不会介意多给你一份的。

发挥强项固然重要，但更要注意自己的潜质。

队伍作什么呢？我不是非利士人吗？你们不是扫罗的仆人吗？可以从你们中间拣选一人，使他下到我这里来。9 他若能与我战斗，将我杀死，我们就作你们的仆人；我若胜了他，将他杀死，你们就作我们的仆人，服侍我们。"10 那非利士人又说："我今日向以色列人的军队骂阵。你们叫一个人出来，与我战斗。"11 扫罗和以色列众人听见非利士人的这些话，就惊惶，极其害怕。

12 大卫是犹大伯利恒的以法他人耶西的儿子。耶西有八个儿子。当扫罗的时候，耶西已经老迈。13 耶西的三个大儿子跟随扫罗出征。这出征的三个儿子：长子名叫以利押，次子名叫亚比拿达，三子名叫沙玛。14 大卫是最小的，那三个大儿子跟随扫罗。15 大卫有时离开扫罗回伯利恒，放他父亲的羊。16 那非利士人早晚都出来站着，如此四十日。

17 一日，耶西对他儿子大卫说："你拿一伊法烘了的穗子和十个饼，速速地送到营里去，交给你哥哥们；18 再拿这十块奶饼，送给他们的千夫长，且问你哥哥们好，向他们要一封信来。"19 扫罗与大卫的三个哥哥和以色列众人，在以拉谷与非利士人打仗。20 大卫早晨起来，将羊交托一个看守的人，照着他父亲所吩咐的话，带着食物去了。到了辎重营，军兵刚出到战场，呐喊要战。21 以色列人和非利士人都摆列队伍，彼此相对。22 大卫把他带来的食物留在看守物件人的手下，跑到战场，问他哥哥们安。23 与他们说话的时候，那讨战的，就是属迦特的非利士人歌利亚，从非利士队中出来，说从前所说的话，大卫都听见了。

24 以色列众人看见那人就逃跑，极其害怕。25 以色列人彼此说："这上来的人你看见了吗？他上来是要向以色列人骂阵。若有能杀他的，王必赏赐他大财，将自己的女儿给他为妻，并在以色列人中免他父家纳粮当差。"26 大卫问站在旁边的人说："有人杀这非利士人，除掉以色列人的耻辱，怎样待他呢？这未受割礼的非利

二、在小事上忠心

虽然热爱文艺，但文艺那时不大能当饭吃，也没有什么超男超女的海选，能使丑小鸭一夜变为美丽的天鹅。每天的日子还是要过的。大卫也只能把棋琴书画当作业余爱好，把远大目标当梦想，平时还是乖乖地去给老爸放羊。遇到关键时刻还玩儿命地认真，来了狼虫虎豹，不是防守而已，他还敢狮口夺食，熊掌救羊，一改文艺青年柔弱形象。能文能武的大卫在同龄人中也算是小有名气。

回头再说扫罗，当初本来不想做王，却硬被人拱上了王位，搞得自己压力特大，以至得了美尼尔斯综合症，头痛起来有如恶魔缠身，遍寻名医奇方不治。最近听说有什么音乐疗法，就有人推荐大卫来演奏。说来奇妙，扫罗王只要一听大卫悠扬的琴声，立马神清气爽。于是便让大卫做了个执戟郎，说白了就是个拿兵器的，还是个后备役，需要的时候召进宫，没事的时候还得回家放羊去。大卫倒也不在意，怀才不怕不遇，没有机会等待机会。最近听说山下打仗，还有传说中的巨人，大卫直觉机会来了，所以就特别想去观摩学习。但也不能因此就耽误了本职工作啊，大卫就把工作先托付给别人再下山，非常地负责。而他这平时的努力和积极的态度就成了他打败巨人歌利亚，立下卓越战功的最重要的预备。

由此可见之二：一个人在成长过程中，找到一份最适合自

士人是谁呢？竟敢向永生神的军队骂阵吗？"27百姓照先前的话回答他说，有人能杀这非利士人，必如此如此待他。

28大卫的长兄以利押听见大卫与他们所说的话，就向他发怒，说："你下来作什么呢？在旷野的那几只羊，你交托了谁呢？我知道你的骄傲和你心里的恶意，你下来特为要看争战。"29大卫说："我作了什么呢？我来岂没有缘故吗？"30大卫就离开他转向别人，照先前的话而问，百姓仍照先前的话回答他。

31有人听见大卫所说的话，就告诉了扫罗，扫罗便打发人叫他来。32大卫对扫罗说："人都不必因那非利士人胆怯。你的仆人要去与那非利士人战斗。"33扫罗对大卫说："你不能去与那非利士人战斗，因为你年纪太轻，他自幼就作战士。"34大卫对扫罗说："你仆人为父亲放羊，有时来了狮子，有时来了熊，从群中衔一只羊羔去。35我就追赶它，击打它，将羊羔从它口中救出来。它起来要害我，我就揪着它的胡子，将它打死。36你仆人曾打死狮子和熊，这未受割礼的非利士人向永生神的军队骂阵，也必像狮子和熊一般。"37大卫又说："耶和华救我脱离狮子和熊的爪，也必救我脱离这非利士人的手。"扫罗对大卫说："你可以去吧！耶和华必与你同在。"38扫罗就把自己的战衣给大卫穿上，将铜盔给他戴上，又给他穿上铠甲。39大卫把刀挎在战衣外，试试能走不能走，因为素来没有穿惯，就对扫罗说："我穿戴这些不能走，因为素来没有穿惯。"于是摘脱了。40他手中拿杖，又在溪中挑选了五块光滑石子，放在袋里，就是牧人带的囊里；手中拿着甩石的机弦，就去迎那非利士人。

己的工作固然很好，但若不如人愿，也不能消极懈怠，而要恪尽职守。老天不负有心人，上帝是不会浪费你生命中的每一分、每一秒钟的。你不好好干，那才是浪费生命。

上帝是不会浪费你生命中的每一分、每一秒钟的

三、能干也要会吆喝

等到下山一看，大卫心潮澎湃：位卑未敢忘忧国！家仇国恨民族气节暂且不提，男子汉大丈夫，立功的时刻到了！认真观察，敌人虽然强大，但漏洞也不是没有……这等机会，可遇而不可求啊。别人胆怯退缩，咱逆流而上，出其不意攻其不备，就能把他灭了！

但大卫没有马上采取行动，先是认真观察最新战况，收集情报。等心里有数儿了，就开始一个劲儿明知故问："这傻大个儿是谁呀？怎么没人敢应战呀？要是有人打赢了他，国王有什么奖赏呀？"唯恐天下人不知有这么一个放羊娃是多么自不量力。惹得哥哥们有些恼怒，骂了他一顿。大卫笑了笑说："你以为我傻呀？我这么做自有这么做的道理。我能客观认识自己，

41 非利士人也渐渐地迎着大卫来，拿盾牌的走在前头。42 非利士人观看，见了大卫，就藐视他，因为他年轻，面色光红，容貌俊美。43 非利士人对大卫说："你拿杖到我这里来，我岂是狗呢？"非利士人就指着自己的神咒诅大卫。44 非利士人又对大卫说："来吧！我将你的肉给空中的飞鸟、田野的走兽吃。"45 大卫对非利士人说："你来攻击我，是靠着刀枪和铜戟；我来攻击你，是靠着万军之耶和华的名，就是你所怒骂带领以色列军队的神。46 今日耶和华必将你交在我手里。我必杀你，斩你的头，又将非利士军兵的尸首给空中的飞鸟、地上的野兽吃，使普天下的人都知道以色列中有神；47 又使这众人知道耶和华使人得胜，不是用刀用枪，因为争战的胜败全在乎耶和华。他必将你们交在我们手里。"

48 非利士人起身，迎着大卫前来。大卫急忙迎着非利士人，往战场跑去。49 大卫用手从囊中掏出一块石子来，用机弦甩去，打中非利士人的额，石子进入额内，他就仆倒，面伏于地。

50 这样，大卫用机弦甩石，胜了那非利士人，打死他；大卫手中却没有刀。51 大卫跑去，站在非利士人身旁，将他的刀从鞘中拔出来，杀死他，割了他的头。非利士众人看见他们讨战的勇士死了，就都逃跑。52 以色列人和犹大人便起身呐喊、追赶非利士人，直到迦特（或作"该"）和以革伦的城门。被杀的非利士人倒在沙拉音的路上，直到迦特和以革伦。53 以色列人追赶非利士人回来，就夺了他们的营盘。54 大卫将那非利士人的头拿到耶路撒冷，却将他军装放在自己的帐棚里。

我不像你们。"

　　大卫这么做其实倒不是为了吸引扫罗王的注意力，也不是冲着国王许下的奖赏和招亲的诱惑。那个自命清高的公主，哼，俺还不希罕呢！大卫是让人们给国王传话，争个名分，师出有名嘛。咱不是个人英雄主义者，是要争个合法授权，去代表国家，民族打赢这场仗，给非利士人瞧瞧，我们不是西亚病夫！

　　由此可见之三：一个人在遇到可能的转机时，一定要努力把握，但不要莽撞行事，而应该尽量尊重体制，争取合法性。天时地利不大由人，但人和是可以努力促进的。另外，在公司做出成绩，让老板了解是必要的，别不好意思。能干也要会吆喝。

天时地利不大由人，
但人和是可以努力促进的。

四、可以说 No!

　　有时候做人挺难的，你想要为国家，为公司贡献一分心力，不一定有人领情不说，还常常有人怀疑你的动机，泼你的冷水。但管他呢，人要有自己的目标。要么是走自己的路，让别人说

55 扫罗看见大卫去攻击非利士人,就问元帅押尼珥说:"押尼珥啊,那少年人是谁的儿子?"押尼珥说:"我敢在王面前起誓,我不知道。"56 王说:"你可以问问那幼年人是谁的儿子。"57 大卫打死非利士人回来,押尼珥领他到扫罗面前,他手中拿着非利士人的头。58 扫罗问他说:"少年人哪,你是谁的儿子?"大卫说:"我是你仆人伯利恒人耶西的儿子。"

第18章

1 大卫对扫罗说完了话,约拿单的心与大卫的心深相契合。约拿单爱大卫,如同爱自己的性命。2 那日扫罗留住大卫,不容他再回父家。3 约拿单爱大卫如同爱自己的性命,就与他结盟。4 约拿单从身上脱下外袍,给了大卫,又将战衣、刀、弓、腰带都给了他。5 扫罗无论差遣大卫往何处去,他都作事精明。扫罗就立他作战士长,众百姓和扫罗的臣仆无不喜悦。

6 大卫打死了那非利士人,同众人回来的时候,妇女们从以色列各城里出来,欢欢喜喜,打鼓击磬,歌唱跳舞,迎接扫罗王。7 众妇女舞蹈唱和,说:"扫罗杀死千千,大卫杀死万万。"8 扫罗甚发怒,不喜悦这话,就说:"将万万归大卫,千千归我,只剩下王位没有给他了。"9 从这日起,扫罗就怒视大卫。

去吧；要不就是走别人的路，让自己后悔去吧。选择权在个人。

"愚人节快乐！"

大卫这么一吆喝，有人就报告给国王了。国王召来一看：这不是文工团的小卫嘛！弹琴还可以，这打仗可不是玩儿的啊。大卫费尽口舌，才让扫罗王他老人家明白：长得帅不是我的错，文质彬彬也并不一定就代表咱弱不禁风。虽然扫罗王还是半信半疑，但也许是因为实在没有什么更好的人选吧，终于恩准大卫可以代表国家迎战。

为了表示对人才的重视，扫罗王让人把自己的盔甲拿来，让大卫穿上迎战。扫罗是什么身材，大卫是什么体格，所以这战衣铜盔虽好，但就一个毛病：太大！根本没法儿穿！大卫端着扫罗王沉甸甸的盔甲，心中哭笑不得：穿吧，不习惯，不利

"扫罗杀死千千，大卫杀死万万！"

10 次日，从神那里来的恶魔大大降在扫罗身上，他就在家中胡言乱语。大卫照常弹琴，扫罗手里拿着枪。11 扫罗把枪一抡，心里说，我要将大卫刺透，钉在墙上。大卫躲避他两次。

12 扫罗惧怕大卫，因为耶和华离开自己，与大卫同在。13 所以扫罗使大卫离开自己，立他为千夫长，他就领兵出入。14 大卫作事无不精明，耶和华也与他同在。15 扫罗见大卫作事精明，就甚怕他。16 但以色列和犹大众人都爱大卫，因为他领他们出入。

17 扫罗对大卫说："我将大女儿米拉给你为妻，只要你为我奋勇，为耶和华争战。"扫罗心里说，我不好亲手害他，要藉非利士人的手害他。18 大卫对扫罗说："我是谁，我是什么出身，我父家在以色列中是何等的家，岂敢作王的女婿呢？"19 扫罗的女儿米拉到了当给大卫的时候，扫罗却给了米何拉人亚得列为妻。

20 扫罗的次女米甲爱大卫。有人告诉扫罗，扫罗就喜悦。21 扫罗心里说："我将这女儿给大卫，作他的网罗，好藉非利士人的手害他。"所以扫罗对大卫说：

索，根本就是累赘；可这是国王的赏赐，不穿又显得咱不识抬举。怎么办呢？左思右想，大卫在这里做了个明智选择：NO!

由此可见之四：别人的感受固然要照顾，但不适合自己的东西坚决不要。不是不给老板面子，而是如果为了面子误了大事，就既没面子又没里子。该说 NO 时，就得说 NO，不能怕得罪人。就算是人家的一番好意，你也不能照单全收。

在公司做出成绩，让老板了解是必要的，
别不好意思。
能干也要会吆喝。

五、困难都是纸老虎？

轻装上阵，快步出发。等等，别着急！要充分准备！大卫先一路跑到小溪边，挑选起那些五颜六色的鹅卵石来。别小看这些光滑的小石子，平时不过是用来放羊的工具，今天我要让它立大功！你看那非利士人，高大威猛不说，全身上下武装到了牙齿，又是从小就舞枪弄棒的老兵，跟他硬碰硬肯定吃亏。但是别忘了，现代战争靠的是信息和高科技，古代战争也是一

"你今日可以第二次作我的女婿。" 22 扫罗吩咐臣仆说: "你们暗中对大卫说: '王喜悦你,王的臣仆也都喜爱你,所以你当作王的女婿。'" 23 扫罗的臣仆就照这话说给大卫听。大卫说: "你们以为作王的女婿是一件小事吗?我是贫穷卑微的人。" 24 扫罗的臣仆回奏说,大卫所说的如此如此。25 扫罗说: "你们要对大卫这样说: '王不要什么聘礼,只要一百非利士人的阳皮,好在王的仇敌身上报仇。'" 扫罗的意思要使大卫丧在非利士人的手里。26 扫罗的臣仆将这话告诉大卫,大卫就欢喜作王的女婿。日期还没有到,27 大卫和跟随他的人起身前往,杀了二百非利士人,将阳皮满数交给王,为要作王的女婿。于是扫罗将女儿米甲给大卫为妻。28 扫罗见耶和华与大卫同在,又知道女儿米甲爱大卫,29 就更怕大卫,常作大卫的仇敌。30 每逢非利士军长出来打仗,大卫比扫罗的臣仆作事精明,因此他的名被人尊重。

个道理。

　　大卫观察了好久，发现对方严密的防守也不是没有漏洞。瞧他那光秃秃的脑门儿，大是大，不一定有智慧；他叉腰肌是挺唬人的，但也未必就有多了不起。况且他拿的还是老沉的丈八蛇矛枪，属于笨重的传统武器。而咱呢，采用的是后来地对空导弹的雏形。所以不是吹的，这仗还没开打，大卫早就成竹在胸了。

　　大卫装好石子，带好弹弓，伸伸腰，弯弯腿，甩甩胳膊，开始做暖身运动。扫罗王从望远镜里观察了半天，心凉了半截儿："这乳臭未干的小子，你可雷死我了，真是不知天高地厚，当打仗是过家家呢。这可是你自己要去送死的啊。"他便懒得再看，回宫去了。对方将士远远看见了，不知他在搞什么名堂。大卫到是毫不在意周围人们异样的眼光，精神抖擞地准备开战。

　　由此可见之五：困难再大，也不是没有克服之道。说困难都是纸老虎，这是骄傲自大；但说老虎是不可以打的，就是懦弱了。如果掌握老虎的特性，发现它的弱点，制订恰当的对策，打死老虎还是大有希望的。真正的勇气是建立在智慧基础上的。

真正的勇气是建立在智慧基础上的

第19章

1扫罗对他儿子约拿单和众臣仆说，要杀大卫；扫罗的儿子约拿单却甚喜爱大卫。2约拿单告诉大卫说："我父扫罗想要杀你，所以明日早晨你要小心，到一个僻静地方藏身。3我就出到你所藏的田里，站在我父亲旁边，与他谈论。我看他情形怎样，我必告诉你。"4约拿单向他父亲扫罗替大卫说好话，说："王不可得罪王的仆人大卫，因为他未曾得罪你，他所行的都与你大有益处。5他拚命杀那非利士人，耶和华为以色列众人大行拯救。那时你看见，甚是欢喜，现在为何无故要杀大卫，流无辜人的血，自己取罪呢？"6扫罗听了约拿单的话，就指着永生的耶和华起誓说："我必不杀他。"7约拿单叫大卫来，把这一切事告诉他，带他去见扫罗。他就仍然侍立在扫罗面前。8此后又有争战的事。大卫出去与非利士人打仗，大大杀败他们，他们就在他面前逃跑。9从耶和华那里来的恶魔又降在扫罗身上（扫罗手里拿枪坐在屋里），大卫就用手弹琴。10扫罗用枪想要刺透大卫，钉在墙上，他却躲开，扫罗的枪刺入墙内。当夜大卫逃走，躲避了。

11扫罗打发人到大卫的房屋那里窥探他，要等到天亮杀他。大卫的妻米甲对他说："你今夜若不逃命，明日你要被杀。"12于是米甲将大卫从窗户里缒下去，大卫就逃走，躲避了。13米甲把家中的神像放在床上，头枕在山羊毛装的枕头上，用被遮盖。14扫罗打发人去捉拿大卫，米甲说："他病了。"15扫罗又打发人去看大卫，说："当连床将他抬来，我好杀他。"16使者进去，看见床上有神像，头枕在山羊毛装的枕头上。17扫罗对米甲说："你为什么这样欺哄我，放我仇敌逃走呢？"米甲回答说："他对我说：'你放我走，不然，我要杀你。'"

18大卫逃避，来到拉玛见撒母耳，将扫罗向他所行的事述说了一遍。他和撒母耳就往拿约去居住。19有人告诉扫罗说，大卫在拉玛的拿约。20扫罗打发人去捉拿

六、百密一疏

上了战场，一场看上去力量悬殊的战争就要发生了。不过两军好像还不急着开打，先要喊话。非利士人一开口就是狗呀鸟呀的谩骂，水准就显得低了。国与国之间的事让他说得跟邻里吵架般的粗俗。看人家大卫，先来跟你讲学习，讲正气，讲政治，大帽子扣得非利士人一愣一愣的。原本牛哄哄的非利士巨人歌利亚听得不爽，有点恼羞成怒，再加上轻敌，便单挑独斗杀将过来，要和大卫PK。

速度就是力量，大卫马上开跑，并迅速启动"山寨版"地对空短程导弹：用尽吃奶的力气，拉开平时放羊的弹弓，瞄准就射，一举击中敌人防守薄弱环节：脑门儿。巨人歌利亚还没反应过来，只觉眼前一黑，便轰然倒地。战场上一片寂静，谁都不知道是怎么回事。连大卫自己都有点诧异：难道这巨人竟是如此不堪一击？哎呀，实在是天助我也！

大卫连忙跑上前去，望闻问切一番，发现他还没有完全断气，心中一惊：糟了！忘带刀了！多大的失误！这要让敌方众人看出来，冲将上来，俺不就攻亏一篑了吗？但大卫急中生智，拔出非利士人的刀，将歌利亚首级斩下，高高举起。敌人见了，失了信心，作猢狲散去，这仗才算赢了。大卫也惊出一身冷汗。

由此可见之六：再周全的计划都会有考虑不到之处，再细心的安排都会有疏漏，这些疏忽，如果不能及时地纠正，往

大卫。去的人见有一班先知都受感说话,撒母耳站在其中监管他们;打发去的人也受神的灵感动说话。21 有人将这事告诉扫罗,他又打发人去,他们也受感说话。扫罗第三次打发人去,他们也受感说话。22 然后扫罗自己往拉玛去,到了西沽的大井,问人说:"撒母耳和大卫在哪里呢?"有人说:"在拉玛的拿约。"23 他就往拉玛的拿约去。神的灵也感动他,一面走一面说话,直到拉玛的拿约。24 他就脱了衣服,在撒母耳面前受感说话,一昼一夜露体躺卧。因此有句俗语说:"扫罗也列在先知中吗?"

第20章

1 大卫从拉玛的拿约逃跑,来到约拿单那里,对他说:"我作了什么,有什么罪孽呢?在你父亲面前犯了什么罪,他竟寻索我的性命呢?"2 约拿单回答说:"断然不是!你必不至死。我父作事,无论大小,没有不叫我知道的。怎么独有这事隐瞒我呢?决不如此。"3 大卫又起誓说:"你父亲准知我在你眼前蒙恩。他心里说,不如不叫约拿单知道,恐怕他愁烦。我指着永生的耶和华,又敢在你面前起誓,我离死不过一步。"4 约拿单对大卫说:"你心里所求的,我必为你成就。"5 大卫对约拿单说:"明日是初一,我当与王同席,求你容我去藏在田野,直到第三日晚上。6 你父亲若见我不在席上,你就说,大卫切求我许他回本城伯利恒去,因为他全家在那里献年祭。7 你父亲若说好,仆人就平安了;他若发怒,你就知道他决意要害我。8 求你施恩与仆人,因你在耶和华面前曾与仆人结盟。我若有罪,不如你自己杀我,何必将我交给你父亲呢?"9 约拿单说:"断无此事!我若知道我父亲决意害你,我岂不告诉你呢?"10 大卫对约拿单说:"你父亲若用厉言回答你,谁来告诉我呢?"11 约拿单

往会酿成大错。所以，在处理突发事件时，需要冷静的头脑，灵活的策略和果断的决策，先要把问题解决了，然后再去进行检讨和总结。顺便说一下，大卫从此以后就养成了随身带刀的习惯。

> 先要把问题解决了，然后再去进行检讨和总结。

七、成名的烦恼

树倒猢狲散。领头的巨人歌利亚一死，非利士众人便全都逃了。以色列人乘胜追击，一扫过去颓势。

现在大卫是一战成名了，升官发财不说，人气超旺。特别是那些师奶级的粉丝，分外狂热。迎接扫罗王的时候，打出来的标语特雷人，都是什么"大卫你好"，"大卫我爱你"，搞得扫罗王挺没意思的。你爱大卫没关系，但不要踩人家国王呀。还编什么网路歌曲，发什么手机短信，弄得手机铃声全是：扫罗杀死千千，大卫杀死万万。您说，这扫罗王心里头能不疙疙瘩瘩吗？这真是"以前人吃粉丝，现在粉丝吃人"啊。

扫罗王心眼儿本来就不大，这下子可是触到了心中的痛处，

对大卫说:"你我且往田野去。"二人就往田野去了。

12 约拿单对大卫说:"愿耶和华以色列的神为证。明日约在这时候,或第三日,我探我父亲的意思,若向你有好意,我岂不打发人告诉你吗?13 我父亲若有意害你,我不告诉你,使你平平安安地走,愿耶和华重重地降罚与我。愿耶和华与你同在,如同从前与我父亲同在一样。14 你要照耶和华的慈爱恩待我。不但我活着的时候免我死亡,15 就是我死后,耶和华从地上剪除你仇敌的时候,你也永不可向我家绝了恩惠。"16 于是约拿单与大卫家结盟,说:"愿耶和华藉大卫的仇敌追讨背约的罪。"17 约拿单因爱大卫如同爱自己的性命,就使他再起誓。

18 约拿单对他说:"明日是初一,你的座位空设,人必理会你不在那里。19 你等三日,就要速速下去,到你从前遇事所藏的地方,在以色磐石那里等候。20 我要向磐石旁边射三箭,如同射箭靶一样。21 我要打发童子,说:'去把箭找来。'我若对童子说:'箭在后头,把箭拿来',你就可以回来,我指着永生的耶和华起誓,你必平安无事;22 我若对童子说:'箭在前头',你就要去,因为是耶和华打发你去的。23 至于你我今日所说的话,有耶和华在你我中间为证,直到永远。"

24 大卫就去藏在田野。到了初一日,王坐席要吃饭。25 王照常坐在靠墙的位上,约拿单侍立,押尼珥坐在扫罗旁边,大卫的座位空设。

26 然而这日扫罗没有说什么,他想大卫遇事,偶染不洁,他必定是不洁。27 初二日大卫的座位还空设。扫罗问他儿子约拿单说:"耶西的儿子为何昨日今日没有来吃饭呢?"28 约拿单回答扫罗说:"大卫切求我容他往伯利恒去。29 他说:'求你容我去,因为我家在城里有献祭的事,我长兄吩咐我去。如今我若在你眼前蒙恩,求你容我去见我的弟兄。'所以大卫没有赴王的席。"

30 扫罗向约拿单发怒,对他说:"你这顽梗背逆

对大卫是格外的忌惮。好几次邀请大卫进宫吃鸿门宴，想找碴儿除了他，但总是无法得逞；于是自个儿装疯卖傻，胡言乱语，像个神经病一样，常常拿大卫当活靶练标枪，好在大卫身手敏捷，都躲了过去。这国王为了除掉大卫竟如此不顾形象，不择手段，看得众大臣不禁倍感心寒。扫罗王便渐渐失了人心。很多人都为大卫的性命担忧，当中有些原本嫉妒他的，也开始同情他的处境，站在了大卫一边。

由此可见之七：一个人在春风得意的时候，要懂得照顾一下同事，主管和上级的感受。特别要注意，慎重接受采访，不要让那些言过其实，狂吹滥捧的文宣和狂热的粉丝们弄得自己头晕，别人眼热。以至给自己惹很多不必要的麻烦。

八、能屈能伸

事业上的成功给人带来很多的快乐。大卫忙了起来，到处开报告会，走到哪里，都是鲜花掌声不断，美女粉丝如云。扫罗王迫于群众压力，给大卫转了城市户口，不要他再去放羊了。更因为一干大臣联名举荐，不得不在部队火箭速度地提拔大卫，使他成为当时军中最年轻的军长。过去有点看不上大卫的兄长

之妇人所生的，我岂不知道你喜悦耶西的儿子，自取羞辱，以致你母亲露体蒙羞吗？31耶西的儿子若在世间活着，你和你的国位必站立不住。现在你要打发人去，将他捉拿交给我。他是该死的。"32约拿单对父亲扫罗说："他为什么该死呢？他作了什么呢？"

33扫罗向约拿单抡枪要刺他，约拿单就知道他父亲决意要杀大卫。34于是约拿单气忿忿地从席上起来，在这初二日没有吃饭。他因见父亲羞辱大卫，就为大卫愁烦。35次日早晨，约拿单按着与大卫约会的时候出到田野，有一个童子跟随。36约拿单对童子说："你跑去，把我所射的箭找来。"童子跑去，约拿单就把箭射在童子前头。37童子到了约拿单落箭之地，约拿单呼叫童子说："箭不是在你前头吗？"38约拿单又呼叫童子说："速速地去，不要迟延。"童子就拾起箭来，回到主人那里。39童子却不知道这是什么意思，只有约拿单和大卫知道。40约拿单将弓箭交给童子，吩咐说："你拿到城里去。"41童子一去，大卫就从磐石的南边出来，俯伏在地，拜了三拜。二人亲嘴，彼此哭泣，大卫哭得更恸。42约拿单对大卫说："我们二人曾指着耶和华的名起誓说：'愿耶和华在你我中间，并你我后裔中间为证，直到永远。'如今你平平安安地去吧！"大卫就起身走了。约拿单也回城里去了。

第21章

1大卫到了挪伯祭司亚希米勒那里，亚希米勒战战兢兢地出来迎接他，问他说："你为什么独自来，没有人跟随呢？"2大卫回答祭司亚希米勒说："王吩咐我一件事说：'我差遣你委托你的这件事，不要使人知道。'故此我已派定少年人在某处等候我。3现在你手下有什么？求你给我五个饼，或是别样的食物。"4祭司对大

们，如今全在他的手下当差。大卫精明能干，与人交往讲义气，琴弹得也好，又有明星风采，所以全国上下人人都喜爱他。当然除了一个关键人物：扫罗王。

扫罗王对大卫说："下次给我弹琴的时候，我希望你能穿上这件外套。"

涵养和素质是你的财富，
不能让没涵养没素质的人轻易夺走。

扫罗王对大卫是既嫉妒又恼怒。大卫心里头也明白，所以做人处事上分外地韬光养晦，对扫罗王更是格外地恭敬。虽然不再是那个文工团小卫，也不再是那拿兵器的执戟郎，如今好歹也是个军级干部，但要是扫罗王想听他弹琴，大卫还是去宫

卫说："我手下没有寻常的饼，只有圣饼，若少年人没有亲近妇人才可以给。"5 大卫对祭司说："实在约有三日我们没有亲近妇人。我出来的时候，虽是寻常行路，少年人的器皿还是洁净的；何况今日不更是洁净吗？"6 祭司就拿圣饼给他，因为在那里没有别样饼，只有更换新饼，从耶和华面前撤下来的陈设饼。7 当日有扫罗的一个臣子留在耶和华面前。他名叫多益，是以东人，作扫罗的司牧长。

8 大卫问亚希米勒说："你手下有枪有刀没有？因为王的事甚急，连刀剑器械我都没有带。"9 祭司说："你在以拉谷杀非利士人歌利亚的那刀在这里，裹在布中，放在以弗得后边，你要就可以拿去。除此以外，再没有别的。"大卫说："这刀没有可比的！求你给我。"

10 那日大卫起来，躲避扫罗，逃到迦特王亚吉那里。11 亚吉的臣仆对亚吉说："这不是以色列国王大卫吗？那里的妇女跳舞唱和，不是指着他说'扫罗杀死千千，大卫杀死万万'吗？"12 大卫将这话放在心里，甚惧怕迦特王亚吉，13 就在众人面前改变了寻常的举动，在他们手下假装疯癫，在城门的门扇上胡写乱画，使唾沫流在胡子上。14 亚吉对臣仆说："你们看，这人是疯子。为什么带他到我这里来呢？15 我岂缺少疯子，你们带这人来在我面前疯癫吗？这人岂可进我的家呢？"

第22章（1-2节）

1 大卫就离开那里，逃到亚杜兰洞。他的弟兄和他父亲的全家听见了，就都下到他那里。2 凡受窘迫的、欠债的、心里苦恼的，都聚集到大卫那里，大卫就作他们的头目，跟随他的约有四百人。

里照弹不误，不在老板面前摆谱儿。扫罗王对大卫是肆无忌惮，存心羞辱，可这大卫却是心平气和，不卑不亢，让扫罗王挑不出一点儿毛病。

由此可见之八：虽然有时候你觉得老板对你很过分，但你还是要用十二分的涵养去面对。往往是你越有涵养，他却越得寸进尺。而你绝不能因此就没了涵养。不管怎么样，是他发薪水给你。更重要的是，你的涵养和素质是你的财富，不能让没涵养没素质的人轻易夺走。

九、门当户对

看着大卫的名声与势力越来越大，扫罗王心中焦急，想了一个俗得不能再俗的招数：招亲。

古今中外，婚姻外交屡见不鲜。不过扫罗王居心狠了点儿，他想一劳永逸，灭了大卫。本来是早该兑现的奖励，又一再被拿来当诱饵。刚开始，大卫还颇有自知之明，一来知道他跟公主是门不当，户不对；二来都说侯门深似海啊，便以家穷出不起聘礼为由，推托了事。但扫罗王不要聘礼，要大卫的勇气，这正是大卫的软肋，被人一碰，三言两语一激，便欢欢地去逞

第24章

1 扫罗追赶非利士人回来，有人告诉他说："大卫在隐基底的旷野。" 2 扫罗就从以色列人中挑选三千精兵，率领他们往野羊的磐石去，寻索大卫和跟随他的人。3 到了路旁的羊圈，在那里有洞，扫罗进去大解。大卫和跟随他的人正藏在洞里的深处。4 跟随的人对大卫说："耶和华曾应许你说：'我要将你的仇敌交在你手里，你可以任意待他。'如今时候到了。"大卫就起来，悄悄地割下扫罗外袍的衣襟。5 随后大卫心中自责，因为割下扫罗的衣襟；6 对跟随他的人说："我的主乃是耶和华的受膏者，我在耶和华面前万不敢伸手害他，因他是耶和华的受膏者。" 7 大卫用这话拦住跟随他的人，不容他们起来害扫罗。扫罗起来，从洞里出去行路。

8 随后大卫也起来，从洞里出去，呼叫扫罗说："我主，我王！"扫罗回头观看，大卫就屈身脸伏于地下拜。9 大卫对扫罗说："你为何听信人的谗言，说大卫想要害你呢？10 今日你亲眼看见在洞中耶和华将你交在我手里，有人叫我杀你，我却爱惜你，说：'我不敢伸手害我的主，因为他是耶和华的受膏者。'11 我父啊！看看你外袍的衣襟在我手中。我割下你的衣襟，没有杀你，你由此可以知道我没有恶意叛逆你。你虽然猎取我的命，我却没有得罪你。12 愿耶和华在你我中间判断是非，在你身上为我伸冤，我却不亲手加害于你。13 古人有句俗语说：'恶事出于恶人。'我却不亲手加害于你。14 以色列王出来要寻找谁呢？追赶谁呢？不过追赶一条死狗，一个虼蚤就是了。15 愿耶和华在你我中间施行审判，断定是非，并且鉴察，为我伸冤，救我脱离你的手。"

16 大卫向扫罗说完这话，扫罗说："我儿大卫，这是你的声音吗？"就放声大哭，17 对大卫说："你比我公义，因为你以善待我，我却以恶待你。18 你今日显明是以善待我，因为耶和华将我交在你手里，你却没有杀我。19 人若遇见仇敌，岂肯放他平安无事地去呢？愿耶和华

强了。果然后来强也顺利地逞了,做上了当朝驸马。

令扫罗王更为恼火的是,这女儿居然真的爱上了大卫!不但为大卫说好话,还为大卫搞公关,建立人脉。这作了驸马的大卫,如今有了身份地位,更是赢得了人们的尊重和爱戴,俨然把他当成了扫罗王当然的接班人,这可使大卫成了扫罗王的眼中钉,肉中刺,最终到了你死我活,非拔不可的地步。

约拿单,本来我们是要给你爸表演二重奏的,可你爸竟然把我的搭档一枪钉死啦!"

由此可见之九:推辞别人的时候,要实事求是,诚恳说明,不要乱找理由。(也不想想:一个国王会在乎你的那点聘礼吗?)交男女朋友,找对象还是要找背景,理念,价值观相近的,否则矛盾冲突一定会很多。特别是不要有虚荣心,图对方的

因你今日向我所行的，以善报你。20 我也知道你必要作王，以色列的国必坚立在你手里。21 现在你要指着耶和华向我起誓，不剪除我的后裔，在我父家不灭没我的名。"22 于是大卫向扫罗起誓，扫罗就回家去。大卫和跟随他的人上山寨去了。

第30章

1 第三日，大卫和跟随他的人到了洗革拉。亚玛力人已经侵夺南地，攻破洗革拉，用火焚烧，2 掳了城内的妇女和其中的大小人口，却没有杀一个，都带着走了。3 大卫和跟随他的人到了那城，不料，城已烧毁，他们的妻子儿女都被掳去了。4 大卫和跟随他的人就放声大哭，直哭得没有气力。5 大卫的两个妻，耶斯列人亚希暖和作过拿八妻的迦密人亚比该，也被掳去了。6 大卫甚是焦急，因众人为自己的儿女苦恼，说："要用石头打死他。"大卫却倚靠耶和华他的神，心里坚固。

7 大卫对亚希米勒的儿子祭司亚比亚他说："请你将以弗得拿过来。"亚比亚他就将以弗得拿到大卫面前。8 大卫求问耶和华说："我追赶敌军，追得上追不上呢？"耶和华说："你可以追，必追得上，都救得回来。"9 于是大卫和跟随他的六百人来到比梭溪；有不能前去的就留在那里。10 大卫却带着四百人往前追赶；有二百人疲乏，不能过比梭溪，所以留在那里。

11 这四百人在田野遇见一个埃及人，就带他到大卫面前，给他饼吃，给他水喝，12 又给他一块无花果饼，两个葡萄饼。他吃了，就精神复原，因为他三日三夜没有吃饼，没有喝水。13 大卫问他说："你是属谁的？你是哪里的人？"他回答说："我是埃及的少年人，是亚玛力人的奴仆。因我三日前患病，我主人就把我撇弃了。14 我们侵夺了基利提的南方和属犹大的地，并迦勒地的

权势，财富或美貌。到头来只为别人看得红火，自己过得难受。

推辞别人的时候，要实事求是，
诚恳说明，不要乱找理由。

十、知己莫红颜

　　此时的大卫可以说是以色列最具个人魅力的领袖人物了。先说外表：你看他俊朗的脸型，戴一幅眼镜，绝对赛过裴勇俊，迷煞师奶；那忧郁的眼神，颇有诗人顾城的纯真，最吸引少女萌动的心。还有人家那强健而不过分的体型，透过米开朗基罗的雕像，你就能想象，那时大卫要是出写真集该有多红。再看才艺：会弹琴，是国家级的演员，专为领导人物们演奏的；爱写诗，还会谱曲，比周杰伦还厉害，是演唱奥运会开幕式主题歌的不二人选；况且又是国家一等战斗英雄，这等天王级巨星，屁股后面跟着一大堆女生疯狂追求不说，男生对他也是崇拜得五体投地。连扫罗王的亲生儿子，王子约拿单对他都是万分仰慕。

　　大卫与约拿单情投意合。哥俩儿关系好到让别人看，都可能会朝"断背山牛仔"方面瞎想。但是，看看我们古人，就知

南方,又用火烧了洗革拉。"15 大卫问他说:"你肯领我们到敌军那里不肯?"他回答说:"你要向我指着神起誓,不杀我,也不将我交在我主人手里,我就领你下到敌军那里。"

16 那人领大卫下去,见他们散在地上,吃喝跳舞,因为从非利士地和犹大地所掳来的财物甚多。17 大卫从黎明直到次日晚上,击杀他们,除了四百骑骆驼的少年人之外,没有一个逃脱的。18 亚玛力人所掳去的财物,大卫全都夺回,并救回他的两个妻来。19 凡亚玛力人所掳去的,无论大小、儿女、财物,大卫都夺回来,没有失落一个。20 大卫所夺来的牛群羊群,跟随他的人赶在原有的群畜前边,说:"这是大卫的掠物。"

21 大卫到了那疲乏不能跟随,留在比梭溪的二百人那里,他们出来迎接大卫,并跟随的人.大卫前来问他们安。22 跟随大卫人中的恶人和匪类说,这些人既然没有和我们同去,我们所夺的财物就不分给他们.只将他们各人的妻子儿女给他们,使他们带去就是了。23 大卫说,弟兄们,耶和华所赐给我们的,不可不分给他们,因为他保佑我们,将那攻击我们的敌军交在我们手里。24 这事谁肯依从你们呢.上阵的得多少,看守器具的也得多少,应当大家平分。25 大卫定此为以色列的律例典章,从那日直到今日。

26 大卫到了洗革拉,从掠物中取些送给他朋友犹大的长老,说,这是从耶和华仇敌那里夺来的,送你们为礼物。27 他送礼物给住伯特利的,南地拉末的,雅提珥的。28 住亚罗珥的,息末的,以实提莫的.29 住拉哈勒的,耶拉篾各城的,基尼各城的.30 住何珥玛的,歌拉珊的,亚挞的。31 住希伯仑的,并大卫和跟随他的人素来所到之处的人。

道同性间这种纯洁的友谊是大有可能的，什么义结金兰、情同手足、抵足而眠啦等等。不像现在，同性间搭个肩膀什么的都需要避讳。说到朋友间相处，倒是异性间的友谊要特别注意分寸，别自欺欺人说别看俺们天天泡在一起，但只是纯朋友。实际上你外面是，心里不是；一个是，另一个不是；现在是，将来不是。要不然上帝造男造女干什么。也不要标榜什么君子坐怀不乱，坐怀本身就乱了。

话说回来，真是多个朋友多条路。大卫交了约拿单王子这个朋友，可真是没白交。到后来扫罗王要杀大卫，全靠约拿单通风报信，出面维护了。

由此可见之十： 人生当中一定要交几个好朋友。特别是年轻时交的朋友，没太多利害，比较单纯，要好好珍惜。交朋友和谈恋爱又有所不同，彼此间地位差距大点没太大关系。很多时候我们排斥高干子女，富家子弟，其实这也是一种偏见，甚至是歧视，颇不可取。

> 很多时候我们排斥高干子女，富家子弟，
> 其实这也是一种偏见，甚至是歧视。

戏说大卫　参考阅读

《撒母耳记下》第 23 章

第 23 章（8–23 节）

8 大卫勇士的名字，记在下面：他革扪人约设巴设，又称伊斯尼人亚底挪，他是军长的统领，一时击杀了八百人。

9 其次是亚合人朵多的儿子以利亚撒。从前非利士人聚集要打仗，以色列人迎着上去，有跟随大卫的三个勇士向非利士人骂阵，其中有以利亚撒。10 他起来击杀非利士人，直到手臂疲乏，手粘住刀把。那日耶和华使以色列人大获全胜，众民在以利亚撒后头专夺财物。

11 其次是哈拉人亚基的儿子沙玛。一日非利士人聚集成群，在一块长满红豆的田里，众民就在非利士人面前逃跑。12 沙玛却站在那田间，击杀非利士人，救护了那田。耶和华使以色列人大获全胜。

13 收割的时候，有三十个勇士中的三个人，下到亚杜兰洞见大卫。非利士的军兵在利乏音谷安营。14 那时大卫在山寨，非利士人的防营在伯利恒。15 大卫渴想，说："甚愿有人将伯利恒城门旁井里的水打来给我喝。"16 这三个勇士就闯过非利士人的营盘，从伯利恒城门旁的井里打水，拿来奉给大卫。他却不肯喝，将水奠在耶和华面前，17 说："耶和华啊，这三个人冒死去打水，这水好像他们的血一般，我断不敢喝。"如此大卫不肯喝。这是三个勇士所作的事。

18 洗鲁雅的儿子约押的兄弟亚比筛是这三个勇士的首领。他举枪杀了三百人，就在三个勇士里得了名。19 他在这三个勇士里是最尊贵的，所以作他们的首领；只是不及前三个勇士。

20 有甲薛勇士耶何耶大的儿子比拿雅行过大能的事：他杀了摩押人亚利伊勒的两个儿子；又在下雪的时

十一、不破不立

大卫虽然娶了公主，和王子拜了把子，但并没有从此过上幸福快乐的生活。这好比在公司里，人们都跟你关系很好，但如果摊上个小心眼的老板，你和这个副总那个副总关系越好，他越觉得你有威胁，你的日子就会越不好过。

威权式的领导最怕有威信的下级。扫罗王没事就请大卫来个青梅煮酒论英雄，弄得大卫即使是晴天也心惊肉跳的。大卫尽量忍着，可是老这么忍下去，对身心健康都会有不良影响。好在他喜欢弹琴写诗，也算是个抒发。但人还年轻啊，不能老是这样受制于人呀，总得想个办法。如果老板是改变不了的事实，那你就大概只好另谋高就了。而大卫也就这样开始了他长达十四年的流亡生涯。

来到另一家公司，谁料想自己本事大，名气响，人家公司中层干部各个担心，向老板报告这就是那媒体报道的风光无限的扫罗王接班人呀，来咱这小庙……别忘了《三国演义》中刘备是怎么起家的呀……大卫心中叫苦不迭，唉，只恐怕天下老板心眼一般小啊！只好装疯卖傻一番，逃将出来。不由得长叹一声：自己看来不适合给人打工了，只好创业了！

由此可见之十一： 一个人在事业上想要有所发展，最缺乏的往往是突破性思维。整天想着如何找份好工作，期望遇上个好老板给你升迁，那你永远也当不上老板的。很多时候创业精

候下坑里去，杀了一个狮子；21 又杀了一个强壮的埃及人。埃及人手里拿着枪，比拿雅只拿着棍子下去，从埃及人手里夺过枪来，用那枪将他杀死。22 这是耶何耶大的儿子比拿雅所行的事，就在三个勇士里得了名。23 他比那三十个勇士都尊贵，只是不及前三个勇士。大卫立他作护卫长。

戏说大卫　参考阅读
《撒母耳记上》第31章

1 非利士人与以色列人争战。以色列人在非利士人面前逃跑，在基利波有被杀仆倒的。2 非利士人紧追扫罗和他儿子们，就杀了扫罗的儿子约拿单、亚比拿达、麦基舒亚。3 势派甚大，扫罗被弓箭手追上，射伤甚重，4 就吩咐拿他兵器的人说："你拔出刀来将我刺死，免得那些未受割礼的人来刺我、凌辱我。"但拿兵器的人甚惧怕，不肯刺他，扫罗就自己伏在刀上死了。5 拿兵器的人见扫罗已死，也伏在刀上死了。6 这样，扫罗和他三个儿子，与拿他兵器的人，以及跟随他的人，都一同死亡。7 住平原那边并约旦河西的以色列人，见以色列军兵逃跑，扫罗和他儿子都死了，也就弃城逃跑。非利士人便来住在其中。

8 次日，非利士人来剥那被杀之人的衣服，看见扫罗和他三个儿子仆倒在基利波山，9 就割下他的首级，剥了他的军装，打发人到非利士地的四境（"到"或作"送到"），报信与他们庙里的偶像和众民；10 又将扫罗的军装放在亚斯他录庙里，将他的尸身钉在伯珊的城墙上。11 基列雅比的居民听见非利士人向扫罗所行的事，12 他们中间所有的勇士就起身，走了一夜，将扫罗和他儿子的尸身从伯珊城墙上取下来，送到雅比那里用火烧了；13 将他们骸骨葬在雅比的垂丝柳树下，就禁食七日。

神是被逼出来的。所以，周围环境险恶未必就是坏事，说不定就把你的潜能激发出来了。学会为各样环境而感恩吧。

> 周围环境险恶未必就是坏事，
> 说不定就把你的潜能激发了出来。
> 学会为各样环境而感恩吧。

十二、对自己负责

大卫集团公司就此成立，陆陆续续收留了一批社会闲散人员，其中不乏鸡鸣狗盗之徒，居然也有四百名员工。所能从事的经营项目大概也只能是帮忙讨债，收收保护费之类的。不过，生意还算不错，而且还成功地搞了几次企业兼并，资产重组，员工也差不多增加到六百来人。

势力一大，对老东家的威胁也就大了。扫罗王又开始强力围剿大卫。大卫展开游击战术：敌进我退，敌退我进，成功地完成了几次反围剿战斗。有一次战斗中，扫罗王内急，躲进山洞大解，这山洞恰恰是大卫藏身之处，扫罗王把自己的屁股和生命都暴露在危险当中。由此可见：不可随地大小便！哈哈，开个玩笑。不过倒也提醒我们，在去面试、约会和谈生意之类

戏说大卫　参考阅读

《撒母耳记下》第1章，第11-19章

第1章

1 扫罗死后，大卫击杀亚玛力人回来，在洗革拉住了两天。2 第三天，有一人从扫罗的营里出来，衣服撕裂，头蒙灰尘，到大卫面前伏地叩拜。3 大卫问他说："你从哪里来？"他说："我从以色列的营里逃来。"4 大卫又问他说："事情怎样？请你告诉我。"他回答说："百姓从阵上逃跑，也有许多人仆倒死亡，扫罗和他儿子约拿单也死了。"5 大卫问报信的少年人说："你怎么知道扫罗和他儿子约拿单死了呢？"6 报信的少年人说："我偶然到基利波山，看见扫罗伏在自己枪上，有战车、马兵紧紧地追他。7 他回头看见我，就呼叫我。我说：'我在这里。'8 他问我说：'你是什么人？'我说：'我是亚玛力人。'9 他说：'请你来将我杀死，因为痛苦抓住我，我的生命尚存。'10 我准知他仆倒必不能活，就去将他杀死，把他头上的冠冕、臂上的镯子，拿到我主这里。"11 大卫就撕裂衣服，跟随他的人也是如此。12 而且悲哀、哭号、禁食到晚上，是因扫罗和他儿子约拿单，并耶和华的民以色列家的人倒在刀下。13 大卫问报信的少年人说："你是哪里的人？"他说："我是亚玛力客人的儿子。"14 大卫说："你伸手杀害耶和华的受膏者，怎么不畏惧呢？"15 大卫叫了一个少年人来，说："你去杀他吧！"16 大卫对他说："你流人血的罪归到自己的头上，因为你亲口作见证说：'我杀了耶和华的受膏者。'"少年人就把他杀了。

17 大卫作哀歌，吊扫罗和他儿子约拿单，18 且吩咐将这歌教导犹大人。这歌名叫弓歌，写在雅煞珥书上。

的大事之前，倒真是要记得先上厕所。

再说大卫，这可正是除掉扫罗王千载难逢的好机会。手下都强烈建议他去把扫罗王灭了。大卫也有点动心，拿出靴子里藏的一把锋利匕首摸上前来；摸到扫罗王身后，臭味可以忍，但良心中却有所不忍，矛盾之中，只偷偷割下扫罗王一片衣襟。随后心中自责，倒不是后悔自己妇人之仁，而是想到不管怎么说，是扫罗王给咱成名机会的。而且以下犯上，总归大不敬。更何况做人要留余地，要相信老天自有公道。于是向扫罗王诚恳说明自己心意，感动得扫罗王无比羞愧，立志与大卫和好。

大卫对扫罗喊："下次您选山洞当厕所用时，最好当心点儿！"

由此可见之十二：不管别人动机怎样，爱你也罢，害你也罢，在你需要做的决定上给你强烈的建议，这时你要明白：广泛争

"耶和华是我的牧者，我必不至缺乏
他使我躺卧在青草地上，
领我在可安歇的水边；
他使我的灵魂苏醒，
为自己的名引导我走义路。
……"

19 歌中说：以色列啊，你尊荣者在山上被杀。大英雄何竟死亡！20 不要在迦特报告，不要在亚实基伦街上传扬，免得非利士的女子欢乐，免得未受割礼之人的女子矜夸。21 基利波山哪，愿你那里没有雨露，愿你田地无土产可作供物，因为英雄的盾牌，在那里被污丢弃。扫罗的盾牌，仿佛未曾抹油。22 约拿单的弓箭，非流敌人的血不退缩。扫罗的刀剑，非剖勇士的油不收回。23 扫罗和约拿单，活时相悦相爱，死时也不分离。他们比鹰更快，比狮子还强。24 以色列的女子啊，当为扫罗哭号。他曾使你们穿朱红色的美衣，使你们衣服有黄金的妆饰。25 英雄何竟在阵上仆倒！约拿单何竟在山上被杀！

取意见不错，但你的事最终你要自己拿主意。你的决定不能违背你的做人原则，因为要对自己行为和良心负责的是你本人。

> 永远不应该与坏人为伍，
> 即便有时看上去与他们的合作
> 会给你带来难得的好处。

十三、心胸决定成就

此后扫罗王并没有真的回心转意，大卫对他而言，始终是个心头之患。大卫也明白这一点，知道有这么一个强大势力老盯着你，也很难有所作为。于是他决定远避他乡，离开扫罗王的势力范围，让扫罗王知道自己无意和他争夺，也好喘口气，休养生息。所以他找了另一家大公司挂靠，不参与总部管理，免得再抢了别人风头，给自己添乱。他感觉自己像三国的刘备暂居新野一样。

这期间，他老老实实，该交总公司管理费是一分不少，财务上面清清楚楚，让人挑不出毛病。但终归是寄人篱下，受制于人。后来总公司客客气气地和他们切割了。刚开始很不顺利，生意上经历了一次惨败不说，还起了严重的内讧。大卫倒挺沉

26 我兄约拿单哪，我为你悲伤！我甚喜悦你，你向我发的爱情奇妙非常，过于妇女的爱情。27 英雄何竟仆倒！战具何竟灭没！

第11章

1 过了一年，到列王出战的时候，大卫又差派约押率领臣仆和以色列众人出战。他们就打败亚扪人，围攻拉巴。大卫仍住在耶路撒冷。

2 一日，太阳平西，大卫从床上起来，在王宫的平顶上游行，看见一个妇人沐浴，容貌甚美。3 大卫就差人打听那妇人是谁。有人说："她是以连的女儿，赫人乌利亚的妻拔示巴。"4 大卫差人去，将妇人接来。那时她的月经才得洁净。她来了，大卫与她同房，她就回家去了。5 于是她怀了孕，打发人去告诉大卫说："我怀了孕。"

6 大卫差人到约押那里，说："你打发赫人乌利亚到我这里来。"约押就打发乌利亚去见大卫。7 乌利亚来了，大卫问约押好，也问兵好，又问争战的事怎样。8 大卫对乌利亚说："你回家去，洗洗脚吧！"乌利亚出了王宫，随后王送他一份食物。9 乌利亚却和他主人的仆人一同睡在宫门外，没有回家去。10 有人告诉大卫说："乌利亚没有回家去。"大卫就问乌利亚说："你从远路上来，为什么不回家去呢？"11 乌利亚对大卫说："约柜和以色列，与犹大兵都住在棚里，我主约押和我主（或作"王"）的仆人都在田野安营。我岂可回家吃喝，与妻子同寝呢？我敢在王面前起誓（原文作"我指着王和王的性命起誓"），我决不行这事。"12 大卫吩咐乌利亚说："你今日仍住在这里，明日我打发你去。"于是乌利亚那日和次日住在耶路撒冷。13 大卫召了乌利亚来，叫他在自己面前吃喝，使他喝醉。到了晚上，乌利亚出

得住气，冷静应对，积极筹划，不久就玩了个大的，狠赚了一笔。到发奖金时，销售一线人员就觉得后勤什么也没干，不应该得奖赏，大卫不同意单纯的按劳分配原则，而是强调团队精神，并且就此立下规矩。不但如此，他还和别家小公司来个利益均沾，无形中组建了一个强大的同盟。

由此可见之十三：一个人若想成就一番事业，个人本领，专业技能是一定要有的。但更为重要的是心胸和眼光。羽翼未丰时，懂得夹起尾巴做人，尊重游戏规则；飞黄腾达时，要懂得与人分享，学习制订游戏规则。这才能做出超越自己高度的事业来。

> 真正能够长久维系人与人之间关系的
> 不单单只是感情而已，
> 而更是共同的信念，理想和价值观。

十四、更高的境界

大卫一代天骄，不只识弹弓射大雕，更深深懂得领导力不是权力，而是影响力。之所以能够带领一大群勇士为之出生入

去与他主的仆人一同住宿，还没有回到家里去。

14 次日早晨，大卫写信与约押，交乌利亚随手带去。15 信内写着说："要派乌利亚前进，到阵势极险之处，你们便退后，使他被杀。"16 约押围城的时候，知道敌人那里有勇士，便将乌利亚派在那里。17 城里的人出来和约押打仗。大卫的仆人中有几个被杀的，赫人乌利亚也死了。

18 于是约押差人去将争战的一切事告诉大卫，19 又嘱咐使者说："你把争战的一切事，对王说完了，20 王若发怒，问你说：'你们打仗为什么挨近城墙呢？岂不知敌人必从城上射箭吗？21 从前打死耶路比设（就是"耶路巴力"。见士师记九章一节）儿子亚比米勒的是谁呢？岂不是一个妇人从城上抛下一块上磨石来，打在他身上，他就死在提备斯吗？你们为什么挨近城墙呢？'你就说：'王的仆人赫人乌利亚也死了。'"

22 使者起身，来见大卫，照着约押所吩咐他的话奏告大卫。23 使者对大卫说："敌人强过我们，出到郊野与我们打仗，我们追杀他们，直到城门口。24 射箭的从城上射王的仆人，射死几个，赫人乌利亚也死了。"25 王向使者说："你告诉约押说：'不要因这事愁闷，刀剑或吞灭这人或吞灭那人，没有一定的，你只管竭力攻城，将城倾覆。'可以用这话勉励约押。"

26 乌利亚的妻听见丈夫乌利亚死了，就为他哀哭。27 哀哭的日子过了，大卫差人将她接到宫里，她就作了大卫的妻，给大卫生了一个儿子。但大卫所行的这事，耶和华甚不喜悦。

死，靠的也不能只是个人的魅力而已。刚开始的时候，也许免不了，世人看外表嘛。日子久了，靠的就要是得人心了。古人说："得人心者得天下。"得人心，才能留住人才。而人才，是最大的资源和最大的竞争力。如何能得人心是领导者最重要的工作。靠权威，得表面；靠感情，会改变；靠利益，吸引的全是势利眼。那该怎样才真正地得着人心呢？

　　曾经有一次攻防之间，大卫想喝敌人防区的井水，无意提及，便有三名勇士冒着生命危险，取水回来给大卫。此情此景，着实叫人感动。这事搁在刘备身上，就又要摔孩子了。但刘备是往赵子龙怀里摔，便落了个假仁假义的歇后语。而大卫却把水祭奠在神前，说这水乃是勇士的鲜血，自己不敢喝。把这样的一件事，从君臣忠义的层次提升到神圣的高度，使人与人之间的关系联接上升到更高境界，也就更深一层地得了人心。

　　由此可见之十四：真正能够长久维系人与人之间关系的不单单只是感情和利益而已，而更是共同的信念，理想和价值观。这一条原则，体现在人与人各种层面的关系之中，夫妻、父母、子女、朋友、同事等等，大都如此。

动机重要，目标重要，
手段和过程也很重要。

既不看做饭的示巴,也不看扫院的示巴,国王大卫只看洗澡的拔示巴!

第12章

1 耶和华差遣拿单去见大卫。拿单到了大卫那里,对他说:"在一座城里有两个人:一个是富户,一个是穷人。2 富户有许多牛群羊群;3 穷人除了所买来养活的一只小母羊羔之外,别无所有。羊羔在他家里和他儿女一同长大,吃他所吃的,喝他所喝的,睡在他怀中,在他看来如同女儿一样。4 有一客人来到这富户家里,富户舍不得从自己的牛群羊群中取一只预备给客人吃,却取了那穷人的羊羔,预备给客人吃。"5 大卫就甚恼怒那人,对拿单说:"我指着永生的耶和华起誓,行这事的人该死!6 他必偿还羊羔四倍,因为他行这事,没有怜恤的心。"

7 拿单对大卫说:"你就是那人!耶和华以色列的神如此说:'我膏你作以色列的王,救你脱离扫罗的手;8 我将你主人的家业赐给你,将你主人的妻交在你怀里,又将以色列和犹大家赐给你;你若还以为不足,我早就

十五、取之有道

大卫不招惹扫罗王，并不意味着扫罗王就太平了。这些年扫罗王忙着整大卫，搞内耗，失了民心，伤了国力。后来在一场与非利士人的战斗中经历惨败，扫罗王不得已自杀身亡。其实想想看，他若栽在大卫手里，以大卫的人品，他决不会有如此悲惨下场。但如今落到如此地步，倒也真是咎由自取。

遗憾的是，在战斗中大卫的好友，王子约拿单也不幸命丧疆场。挚友死了，大卫无比哀恸，这在常理之中；仇人死了，大卫也是哀恸无比，就不是常人见识了。也许有一点英雄惜英雄的感叹，也许有一些对扫罗王知遇之恩的回报，毕竟是扫罗王给了他出征的机会。但如果认真看大卫在扫罗王同志追悼会上的吊唁，你就会知道大卫其实是对扫罗王深切同情的。因为大卫知道：身在高位，试探诱惑也多。当官是高危行业，爬得越高，一旦摔下来会跌得更惨。如果自己到了那个位置，能不能谨守得住，也不一定。

不过大卫这番情怀，别人倒未必能够体会。扫罗王是自己不堪被俘，自杀谢国，还有一丝英雄气概。但竟有无耻小人，以为立功的时候到了，割下扫罗王的首级，竟然跑到大卫这里讨赏来了。大卫最恨这种不忠不义之人，马上将之拉出去毙了。两个字：活该！

由此可见之十五：国际政治上我们常常看到一些所谓利益

加倍地赐给你。9 你为什么藐视耶和华的命令，行他眼中看为恶的事呢？你借亚扪人的刀杀害赫人乌利亚，又娶了他的妻为妻。10 你既藐视我，娶了赫人乌利亚的妻为妻，所以刀剑必永不离开你的家。'11 耶和华如此说：'我必从你家中兴起祸患攻击你，我必在你眼前把你的妃嫔赐给别人，他在日光之下就与她们同寝。12 你在暗中行这事，我却要在以色列众人面前、日光之下报应你。'"13 大卫对拿单说："我得罪耶和华了！"拿单说："耶和华已经除掉你的罪，你必不至于死。14 只是你行这事，叫耶和华的仇敌大得亵渎的机会，故此你所得的孩子必定要死。"15 拿单就回家去了。

耶和华击打乌利亚妻给大卫所生的孩子，使他得重病。16 所以大卫为这孩子恳求神，而且禁食，进入内室，终夜躺在地上。17 他家中的老臣来到他旁边，要把他从地上扶起来，他却不肯起来，也不同他们吃饭。18 到第七日孩子死了。大卫的臣仆不敢告诉他孩子死了。因他们说："孩子还活着的时候，我们劝他，他尚且不肯听我们的话，若告诉他孩子死了，岂不更加忧伤吗？"19 大卫见臣仆彼此低声说话，就知道孩子死了，问臣仆说："孩子死了吗？"他们说："死了。"20 大卫就从地上起来，沐浴、抹膏，换了衣裳，进耶和华的殿敬拜，然后回宫，吩咐人摆饭，他便吃了。21 臣仆问他说："你所行的是什么意思？孩子活着的时候，你禁食哭泣；孩子死了，你倒起来吃饭。"22 大卫说："孩子还活着，我禁食哭泣，因为我想，或者耶和华怜恤我，使孩子不死也未可知。23 孩子死了，我何必禁食？我岂能使他返回呢？我必往他那里去，他却不能回我这里来。"

24 大卫安慰他的妻拔示巴，与她同寝。她就生了儿子，给他起名叫所罗门。耶和华也喜爱他，25 就藉先知拿单赐他一个名字叫耶底底亚，因为耶和华爱他。

26 约押攻取亚扪人的京城拉巴。27 约押打发使者去见大卫，说："我攻打拉巴，取其水城。28 现在你

结盟，但其实永远不应该与坏人为伍，即便有时看上去与他的合作会给你带来难得的好处。因为这样一做，你就和他没有什么区别，将来想要择清自己可就没那么容易了。君子爱财，取之有道；道不同，不相为谋；谋事在人，成事在天。动机重要，目标重要，手段和过程也很重要。

十六、无心插柳

经过十几年颠沛流离的生活，大卫三十而立，登基作王，在位四十年。所以古人所说：天将降大任于斯人也，必先劳其心志，饿其体肤，等等等等用在大卫身上倒真是最恰当不过了。

不过这十几年艰难岁月，除了对大卫是磨练之外，更造就了为诗人的大卫。未经忧患之前，不过写些男欢女爱的情歌小曲，顶多有些田园派的清新小品，靠的是几分才气。赶上现今网路时代，也有可能出两本插图比文字要多，内涵比页码还浅的所谓诗集；但沧桑岁月却使得大卫的诗作回肠荡气，直指人心，千百年后，仍然为人传诵。颇有点像南唐后主李煜从画眉之乐到亡国之恨的悲凉人生，却成就了他诗歌上的高超境界一样。大卫更是位多产诗人，《圣经》中诗篇差不多有一半都是他写的，句句传神，首首经典。到今天人们记得的多是大卫的

要聚集其余的军兵来，安营围攻这城。恐怕我取了这城，人就以我的名叫这城。"29 于是大卫聚集众军，往拉巴去攻城，就取了这城。30 夺了亚扪人之王所戴的金冠冕（"王"或作"玛勒堪"，玛勒堪即米勒公，又名摩洛，亚扪族之神名），其上的金子，重一他连得，又嵌着宝石。人将这冠冕戴在大卫头上。大卫从城里夺了许多财物，31 将城里的人，拉出来放在锯下，或铁耙下，或铁斧下，或叫他经过砖窑（或作"强他们用锯，或用打粮食的铁器，或用铁斧作工，或使在砖窑里服役"）。大卫待亚扪各城的居民都是如此。其后，大卫和众军都回耶路撒冷去了。

第14章（25—26节）

25 以色列全地之中，无人像押沙龙那样俊美，得人的称赞，从脚底到头顶，毫无瑕疵。26 他的头发甚重，每到年底剪发一次；所剪下来的，按王的平称一称，重二百舍客勒。

诗词歌赋，而不是他的赫赫战功，这恐怕也是大卫未曾想到的。

我仰望星空

> 我仰望你手所造的星空，它是那样寥廓而深邃；
> 蕴含着你的真理，让我苦苦地求索、追随。
> 我仰望你手所造的星空，它是那样庄严而圣洁；
> 彰显出你的正义，让我充满热爱，无比敬畏。
> 我仰望你手所造的星空，它是那样自由而宁静；
> 就仿佛你的胸怀，让我的心灵栖息、依偎。
> 我仰望你手所造的星空，它是那样壮丽而光辉；
> 你永恒的爱，让我心中燃起希望的烈焰，响起信心的春雷。

——根据大卫所作《诗篇》第8篇、第19篇改编

和中国古代许多诗人相比，大卫诗作当中同样常常感叹生活之艰难，生命之脆弱，人生之无常。其中更是充满了无奈，慨叹，抱怨，甚至悲愤之情。但不同之处却在于：苏东坡也好，曹操也罢，常常在诗词的上半阙还是意气风发,大江东去浪淘尽，但到了下半阙或结尾之处，却往往红尘看破，一樽还酹江月了。而大卫的作品却是相反，无论开始有多少的悲叹，却总能在信心与盼望中画下句号。这便是信仰在一个人人生观上的体现。

由此可见之十六：一个人是应该认真有点儿业余爱好的。因为你不知道到最后，说不定你在业余爱好上的成就，会远远

自大卫与拔示巴偷情事件曝光之后，将军们上前线打仗都要带上老婆才安心。

第15章

1 此后，押沙龙为自己预备车马，又派五十人在他前头奔走。2 押沙龙常常早晨起来，站在城门的道旁，凡有争讼要去求王判断的，押沙龙就叫他过来，问他说："你是哪一城的人？"回答说："仆人是以色列某支派的人。"3 押沙龙对他说："你的事有情有理，无奈王没有委人听你伸诉。"4 押沙龙又说："恨不得我作国中的士师，凡有争讼求审判的，到我这里来，我必秉公判断。"5 若有人近前来要拜押沙龙，押沙龙就伸手拉住他，与他亲嘴。6 以色列人中，凡去见王求判断的，押沙龙都是如此待他们。这样，押沙龙暗中得了以色列人的心。

（7-11节略）

大过你一辈子苦苦经营的事业呢。因为很多时侯，人所从事的职业只是养家谋生的手段而已，所谓业余爱好才是真正的志趣与天分所在。

十七、自知之明

大卫做王期间，不断攻城掠地。手下尽是精兵强将，自己也就学习运筹帷幄之中，另外也总觉得该好好享受享受，就不怎么亲自带兵出征了。一天日头平西，大卫才午睡醒来，起来没事，就到王宫的平顶上散步。远望夕阳西下，俯瞰袅袅炊烟，不由得诗兴大发，然而却少了灵感。心中感叹，当年被扫罗王追杀之时，困苦不堪，却常有佳作。如今安逸太平，倒写不出什么东东来了。

懊恼之间，放眼望去，霍然见一美艳熟女，正在房顶日光浴呢。熟女自以为无人能见，却不晓得有人凭借地理优势偷窥，净看不该看的。偷窥的人不是什么狗仔队，竟然是有权有势，有模有样的当今皇上。是一夜情、婚外情也罢，是以权谋色也罢，结果和现在电视剧里一样，二人苟且起来，更没有做好计划生育预防工作：女方怀孕了。而女方的老公却正是大卫手下一名忠心耿耿的将士。

12……于是叛逆的势派甚大，因为随从押沙龙的人民，日渐增多。

13 有人报告大卫说："以色列人的心都归向押沙龙了。"14 大卫就对耶路撒冷跟随他的臣仆说："我们要起来逃走，不然都不能躲避押沙龙了。要速速地去，恐怕他忽然来到，加害于我们，用刀杀尽合城的人。"15 王的臣仆对王说："我主我王所定的，仆人都愿遵行。"16 于是王带着全家的人出去了，但留下十个妃嫔看守宫殿。

17 王出去，众民都跟随他，到伯墨哈，就住下了。18 王的臣仆都在他面前过去。基利提人、比利提人，就是从迦特跟随王来的六百人，也都在他面前过去。19 王对迦特人以太说："你是外邦逃来的人，为什么与我们同去呢？你可以回去，与新王同住，或者回你本地去吧！20 你来的日子不多，我今日怎好叫你与我们一同飘流、没有一定的住处呢？你不如带你的弟兄回去吧！愿耶和华用慈爱诚实待你。"21 以太对王说："我指着永生的耶和华起誓，又敢在王面前起誓，无论生死，王在哪里，仆人也必在那里。"

（22-37 节略）

第 16 章

（1-4 节略）

5 大卫王到了巴户琳，见有一个人出来，是扫罗族基拉的儿子，名叫示每。他一面走一面咒骂，6 又拿石头砍大卫王和王的臣仆；众民和勇士都在王的左右。7 示每咒骂说："你这流人血的坏人哪，去吧，去吧！8 你流扫罗全家的血，接续他作王，耶和华把这罪归在你身上，将这国交给你儿子押沙龙。现在你自取其祸，因

The Story of David
195　戏说大卫

"陛下，你要的望远镜马上就装好啦。"

这聪明一世的大卫，色迷了心窍，竟然利用职权把人家老公调到最危险的前线，借刀杀了人，然后又把人家老婆娶了过来，其中情节就不再详细叙述了，总之，很黄很暴力。

由此可见之十七：我们常常盼望自己能够有财富，有地位，有名气，却不知道自己的容量有多大，能承载多少。给你超过你所能承受得起的福气，其实是害了你。大卫应该比你我容量大多了，尚且犯了这等低级错误，何况你我呢？

给你超过你所能承受得起的福气，
其实是害了你。

为你是流人血的人。"

9 洗鲁雅的儿子亚比筛对王说："这死狗岂可咒骂我主我王呢？求你容我过去，割下他的头来。" 10 王说："洗鲁雅的儿子，我与你们有何关涉呢？他咒骂，是因耶和华吩咐他说，你要咒骂大卫。如此，谁敢说你为什么这样行呢？" 11 大卫又对亚比筛和众臣仆说："我亲生的儿子尚且寻索我的性命，何况这便雅悯人呢？由他咒骂吧！因为这是耶和华吩咐他的。12 或者耶和华见我遭难，为我今日被这人咒骂，就施恩与我。" 13 于是大卫和跟随他的人往前行走。示每在大卫对面山坡，一面行走一面咒骂，又拿石头砍他，拿土扬他。14 王和跟随他的众人疲疲乏乏地到了一个地方，就在那里歇息歇息。

（15-23 节略）

第 18 章

1 大卫数点跟随他的人，立千夫长、百夫长率领他们。2 大卫打发军兵出战，分为三队：一队在约押手下，一队在洗鲁雅的儿子约押兄弟亚比筛手下，一队在迦特人以太手下。大卫对军兵说："我必与你们一同出战。" 3 军兵却说："你不可出战。若是我们逃跑，敌人必不介意；我们阵亡一半，敌人也不介意。因为你一人强似我们万人，你不如在城里预备帮助我们。" 4 王向他们说："你们以为怎样好，我就怎样行。"于是王站在城门旁，军兵或百或千地挨次出去了。5 王嘱咐约押、亚比筛、以太说："你们要为我的缘故宽待那少年人押沙龙。"王为押沙龙嘱咐众将的话，兵都听见了。

6 兵就出到田野迎着以色列人，在以法莲树林里交战。7 以色列人败在大卫的仆人面前。那日阵亡的甚多，共有二万人。8 因为在那里四面打仗，死于树林的，比死

十八、孰能无过

大卫治国基本上奉行的还是以德治国的政策，那十诫是写进小学课本、挂在家家户户墙上的。而如今，大卫自己就犯了其中一条：不可奸淫。平时主席台上大讲反腐倡廉，而自己背地里却干那苟且之事，再加上因为名人效应，各种添油加醋的八卦更是铺天盖地。

领导失了诚信，人们就少了对权柄的尊重。于是一位纪检干部，独立检察官出来，向大卫汇报工作，说某富人贪得无厌，巧取豪夺，剥削穷人，该如何处理？大卫说应当斩立决！纪检干部愤然而起：好！但那恶人就是你！

大卫一听，面如死灰。但大卫之所以是大卫，其真英雄之处就在此显现出来：他没有仗势耍横，说什么自己是中央来的，我就干了，你又能怎样；也没有抵赖狡辩，明明带人家酒店开房还坚称不过是去洗了个澡；在国会听证上也没有撒谎，更没有打击报复，而是马上意识到了自己错误的严重性，在常委会上作了沉痛的检查。这份检查是用诗歌呈现出来的，痛悔之心，真实感人。大卫还把这份检查谱曲传唱，家丑外扬，也算坦荡。（不比现在，反倒借机炒作，出书赚钱。皇后出一本，姘妇出一本。自己也出一本。虽是一本万利，却见世风日下。）大卫虽然没有遭到弹劾，但这件丑闻却对家庭关系产生了极坏的影响，为子女树立了错误的榜样，到最后甚至搞得父子反目，子女成仇，内乱四起，后患不已。

于刀剑的更多。

9 押沙龙偶然遇见大卫的仆人。押沙龙骑着骡子，从大橡树密枝底下经过，他的头发被树枝绕住，就悬挂起来，所骑的骡子便离他去了。10 有个人看见，就告诉约押说："我看见押沙龙挂在橡树上了。"11 约押对报信的人说："你既看见他，为什么不将他打死落在地上呢？你若打死他，我就赏你十舍客勒银子，一条带子。"12 那人对约押说："我就是得你一千舍客勒银子，我也不敢伸手害王的儿子，因为我们听见王嘱咐你和亚比筛并以太说：'你们要谨慎，不可害那少年人押沙龙。'13 我若妄为害了他的性命，就是你自己也必与我为敌。原来无论何事，都瞒不过王。"14 约押说："我不能与你留连。"约押手拿三杆短枪，趁押沙龙在橡树上还活着，就刺透他的心。15 给约押拿兵器的十个少年人围绕押沙龙，将他杀死。

16 约押吹角，拦阻众人，他们就回来，不再追赶以色列人。17 他们将押沙龙丢在林中一个大坑里，上头堆起一大堆石头。以色列众人都逃跑，各回各家去了。

18 押沙龙活着的时候，在王谷立了一根石柱，因他说："我没有儿子为我留名。"他就以自己的名称那石柱叫押沙龙柱，直到今日。

19 撒督的儿子亚希玛斯说："容我跑去，将耶和华向仇敌给王报仇的信息报与王知。"20 约押对他说："你今日不可去报信，改日可以报信，因为今日王的儿子死了，所以你不可去报信。"21 约押对古示人说："你去将你所看见的告诉王。"古示人在约押面前下拜，就跑去了。22 撒督的儿子亚希玛斯又对约押说："无论怎样，求你容我随着古示人跑去。"约押说："我儿，你报这信息，既不得赏赐，何必要跑去呢？"23 他又说："无论怎样，我要跑去。"约押说："你跑去吧！"亚希玛斯就从平原往前跑，跑过古示人去了。

24 大卫正坐在城瓮里。守望的人上城门楼的顶上，

由此可见之十八：一个人不会不犯错，因为这是不可能的。你要是以为别人不会犯错，那是你幼稚；你要是以为自己不会犯错，那是你愚蠢。一个人是否真有勇气，就在于他是否敢于面对自己的弱点与错误。这样的人犯错，连上帝也会原谅的。

> 一个人是否真有勇气，
> 就在于他是否敢于面对自己的弱点与错误。

十九、挨骂不怕

大卫人长得帅，遗传基因好，儿女们也都英俊漂亮。其中又以押沙龙长得俊美。押沙龙虽然名字有点怪，像是从侏罗纪公园跑出来的，但此人实在是帅呆了，从头到脚，毫无暇疵。尤其是一头长发，随风飘舞时，甚是潇洒。

押沙龙头发虽长心眼儿却小，脑后且有反骨。见大卫在处理子女冲突上是非不分，优柔寡断，就跟自己老爸记起仇来，私下里挑拨离间，拉拢收买，意图谋反。终于有一天，起兵犯上，逼得大卫仓皇出逃。大卫心中无比悲凉："当年为仇人所逼，颠沛流离十四年倒也罢了，如今难道竟要被自己的亲生儿子追

举目观看,见有一个人独自跑来。25 守望的人就大声告诉王。王说:"他若独自来,必是报口信的。"那人跑得渐渐近了。26 守望的又见一人跑来,就对守城门的人说:"又有一人独自跑来。"王说:"这也必是报信的。"27 守望的人说:"我看前头人的跑法好像撒督的儿子亚希玛斯的跑法一样。"王说:"他是个好人,必是报好信息。"

28 亚希玛斯向王呼叫说:"平安了!"就在王面前脸伏于地叩拜说:"耶和华你的神是应当称颂的,因他已将那举手攻击我主我王的人交给王了。"29 王问说:"少年人押沙龙平安不平安?"亚希玛斯回答说:"约押打发王的仆人,那时仆人听见众民大声喧哗,却不知道是什么事。"30 王说:"你退去,站在旁边。"他就退去,站在旁边。

31 古示人也来到,说:"有信息报给我主我王。耶和华今日向一切兴起攻击你的人给你报仇了。"32 王问古示人说:"少年人押沙龙平安不平安?"古示人回答说:"愿我主我王的仇敌,和一切兴起要杀害你的人,都与那少年人一样。"33 王就心里伤恸,上城门楼去哀哭,一面走一面说:"我儿押沙龙啊!我儿,我儿押沙龙啊!我恨不得替你死,押沙龙啊!我儿,我儿!"

第19章(1-15节)

1 有人告诉约押说:"王为押沙龙哭泣悲哀。" 2 众民听说王为他儿子忧愁,他们得胜的欢乐却变成悲哀。3 那日众民暗暗地进城,就如败阵逃跑惭愧的民一般。4 王蒙着脸,大声哭号说:"我儿押沙龙啊,押沙龙我儿,我儿啊!" 5 约押进去见王,说:"你今日使你一切仆人脸面惭愧了。他们今日救了你的性命,和你儿女妻妾的性命。6 你却爱那恨你的人,恨那爱你的人。你今日明明地不以将帅、仆人为念。我今日看明,若押沙龙活着,

杀，亡命天涯，不得善终吗？哎，落到这般地步其实也是我的错，这些年我也是太过骄奢淫逸了。真是所谓'生于忧患，死于安乐'啊。"

　　虎落平川被犬欺，有个家伙跟着大卫一行，唾口水、扔石头，还编了顺口溜，羞辱咒骂大卫。仆人随扈看不下去，想要教训他一顿，但大卫不许，说人人都应享受言论自由，况且人家骂咱的也都是事实，难听是难听点儿，这不还帮助咱反省吗？咱一反省，自己不就受益了吗？

　　由此可见之十九：做事难免被人批评，做错事一定被人批评。不让人批评本身就又是一件错事。一个人处理不同意见和面对批评的态度，不只反映他的涵养，更会影响他所能成就的将来。

> 一个人处理不同意见和面对批评的态度，
> 不只反映他的涵养，更会影响他所能成就的将来。

二十、有泪尽情流

　　但背叛加上批判，难免让人灰心。连大卫都开始怀疑自己

我们都死亡,你就喜悦了。7现在你当出去,安慰你仆人的心。我指着耶和华起誓:你若不出去,今夜必无一人与你同在一处。这祸患就比你从幼年到如今所遭的更甚。"8于是王起来,坐在城门口。众民听说王坐在城门口,就都到王面前。

以色列人已经逃跑,各回各家去了。9以色列众支派的人纷纷议论说:"王曾救我们脱离仇敌的手,又救我们脱离非利士人的手。现在他躲避押沙龙逃走了。10我们膏押沙龙治理我们,他已经阵亡。现在为什么不出一言请王回来呢?"

11大卫王差人去见祭司撒督和亚比亚他,说:"你们当向犹大长老说:'以色列众人已经有话请王回宫。你们为什么落在他们后头呢?12你们是我的弟兄,是我的骨肉,为什么在人后头请王回来呢?'13也要对亚玛撒说:'你不是我的骨肉吗?我若不立你替约押常作元帅,

的威信与实力。对下属诚心诚意地做了几次试探之后，发现状况并没有像人们传说的那么夸张。逆子押沙龙嚣张怪戾，喜听谗言，难服人心；自己虽然也做错事，但诚实宽厚，群众基础还是牢固的。于是开始筹划了一个反间计，并重新整军，反击成功，一举平定叛乱。

押沙龙骑骡逃跑之中，未曾想到头发过长，被挂在树枝上动弹不得，让人轻松取命（自此之后，军中战士一律光头板寸，就是这个道理）。再坏的儿子也是儿子，况且大卫也知道"子不教，父之过"，而且自己做了坏榜样，所以是伤恸欲绝。弄得军队和老百姓都很灰头土脸的，本来是打了胜仗，却像败阵的逃兵一样。

部队首长看不下去，上前谏言说："你这样做影响军心，让人觉得你不分好坏。莫非今天你叛乱儿子活着，我们这些拥戴你的死了，你才开心吗？"大卫听了，本想反驳，但又忍了，便擦擦眼泪，走上城楼，检阅凯旋部队。老百姓听说了，就都到王的面前，见大卫强忍丧子之痛来安抚众人，不但不觉得他软弱，反倒深感大卫宅心仁厚，更加从心底热爱，一致要求赶快请王回京。

由此可见之二十：当领导不是要你消灭七情六欲，抹杀真情实感，而是要懂得场合与分寸。但决不能为了自己的威严和场面需要，就玩儿酷玩儿深沉，没人味儿的人，没人爱。

愿神重重地降罚与我。'"14 如此就挽回犹大众人的心，如同一人的心。他们便打发人去见王，说："请王和王的一切臣仆回来。"15 王就回来，到了约旦河。犹大人来到吉甲，要去迎接王，请他过约旦河。

戏说大卫　参考阅读

《列王记上》第2章

第2章（1—11节）

1 大卫的死期临近了，就嘱咐他儿子所罗门说：2 "我现在要走世人必走的路，所以你当刚强作大丈夫，3 遵守耶和华你神所吩咐的，照着摩西律法上所写的行主的道，谨守他的律例、诫命、典章、法度。这样，你无论作什么事，不拘往何处去，尽都亨通。4 耶和华必成就向我所应许的话说：'你的子孙若谨慎自己的行为，尽心尽意、诚诚实实地行在我面前，就不断人坐以色列的国位。'5 你知道洗鲁雅的儿子约押向我所行的，就是杀了以色列的两个元帅：尼珥的儿子押尼珥和益帖的儿子亚玛撒。他在太平之时流这二人的血，如在争战之时一样，将这血染了腰间束的带和脚上穿的鞋。6 所以你要照你的智慧行，不容他白头安然下阴间。7 你当恩待基列人巴西莱的众子，使他常与你同席吃饭，因为我躲避你哥哥押沙龙的时候，他们拿食物来迎接我。8 在你这里有巴户琳的便雅悯人，基拉的儿子示每，我往玛哈念去的那日，他用狠毒的言语咒骂我，后来却下约旦河迎接我，我就指着耶和华向他起誓，说：'我必不用刀杀你。'9 现在你不要以他为无罪，你是聪明人，必知道怎样待他，使他白头见杀，流血下到阴间。"

10 大卫与他列祖同睡，葬在大卫城。11 大卫作以色列王四十年：在希伯仑作王七年；在耶路撒冷作王三十三年。12 所罗门坐他父亲大卫的位，他的国甚是坚固。

二十一、合上帝心意的人

光阴似箭,日月如梭。不知不觉,小卫变大卫,大卫成老卫,该是立接班人的时候了。大卫在位四十年后,已是古来稀矣,便叫来儿子所罗门,他的一番教诲,可谓精彩:"人这一生多短暂呀。眼睛一闭,一天就过去;眼睛一闭,不睁,一辈子就过去了。唉,我老了,无所谓了,但你还年轻呀。你办事,我还不放心。但是,你要刚强,做大丈夫!只要你做人坚持信念,遵纪守法,谨言慎行;做事赏罚分明,仁爱诚信有智慧,我便敢保证你万事亨通。我死之后,你放手开展工作,不必绑手绑脚。"至此,大卫一生划下句点。

大卫此人有优点,有缺点,有功劳,有过失,晚年更犯了一些严重错误。而《圣经》对大卫的评价却可以说是相当之高:合上帝心意的人。其中缘由,是在于他的真性情?还是在于他肯认错?还是其他更深的原因?实在值得人细细思想,好好体会。

出版后记

　　约瑟、摩西、大卫这些英雄人物，其实并非天造奇才，本不过凡夫俗子。照其本来的发展轨迹，不过碌碌一生而已；纵有所成就，最终也会随着时间的流逝而烟消云散。但是，他们存敬天之心，知天赋之命，行天之大道，从而都完成了天降之大任，名垂青史，不仅成了众人的祝福，个人更因此得以成长突破，不断超越自我，达到了自己本来无法到达的高度与境界，人生无憾。

　　你我虽然普通，但其实和他们并无两样，也有一份天降之任等着我们去迎接。我们常常随口感叹"人的命，天注定"，一幅很无奈的样子；但问题是：我们认识上天吗？知道上天给我们的使命是什么吗？

　　看罢《圣经》中这三位英雄的人生境遇，就会明白：如果个人的奋斗是在天命之中，我们所能获得的成就与意义将是非凡无比。

　　而人生境界美丽与否，原本竟是可以自己选择的。

　　从构思到付梓，差不多历时三年，这本小书终于与读者见面了。虽然我是作者，但实际上从我完成初稿之后，它已经不再是我一个人的作品了，其中实在是充满了很多人的心思与汗水。

　　非常感谢我工作上的伙伴颜明和林婧，是与他们的合作，激发出了本书的创意；诸多网友如"希望"、"依帆"、"自由风"和"青青草",以及上官娟子、林伟等许多朋友,给予我极大的支持和鼓励;中国人民大学的孙毅教授、剧作家徐瑛先生,以及苏文峰、陈宗清先生,都从不同层面给予我很多极为有益的建议和指导,让我深为感动。

特别感谢美国漫画家、插图画家提姆·沃尔博格(Tim Walburg)为本书创作所有插图并由我任意使用他的作品。我与他素昧平生,却能合作无间,实在是超乎所求所想。

更要谢谢我的父母和定居日本的长兄安剑星,他们都有自己繁忙的生活和事业,却不厌其烦地为我反复校对,并提出很多中肯的修改意见。当然,还有徐艳青在编辑工作上的专业与敬业,使得这本书最终成形。

最后要谢谢你,亲爱的读者。谢谢你肯花时间来阅读我这些文字,真诚希望你能从中得到快乐和思考,并把它介绍给你的亲朋好友。

安平
2008年感恩节前夕于美国洛杉矶

参考书目:《圣经导读》孙毅著,中国人民大学出版社,2005年出版。

www.ingramcontent.com/pod-product-compliance
Lightning Source LLC
Chambersburg PA
CBHW032032040426
42449CB00007B/862